늘 간직하던 감사의 마음을 전합니다

경영의 명의

박개성·성만석

박 개 성 (朴 介 成)

- 서울대학교 경영대학 경영학과 학사, 동대학원 석사
- 현) 엘리오앤컴퍼니 대표이사
- 현) 가립회계법인 대표이사, 공인회계사
- 전) 청와대 직속 기획예산위원회 행정개혁단 팀장
- 전) 기획재정부(舊 기획예산처) 재정개혁단 팀장
- 전) 아더앤더슨 코리아 컨설턴트
- 전) 보건복지부 정책자문위원
- 전) 국무총리실 첨단의료복합단지위원회 위원
- 현) 한국공기업학회 부회장
- 현) 국가보훈부 정책자문위원
- 현) 기획재정부 국가회계제도심의위원회 민간위원

■ 대표서적

의료부문 (13권)
- **병원경영 실전전략, 중소병원 생존전략**, 엘리오 병원전략
- 병원경영의 윙맨 리더십, 병원인재의 조건
- 병원장은 있어도 경영자는 없다
- 대한민국 건강랭킹, 병원은 많아도 의료산업은 없다
- 공동개원 절대로 하지마라, 의료정책과 병원경영 등

공공부문 (5권)
- 공공기업 변화의 조건
- 정부개혁 고해성사
- 비전달성의 BSC 이렇게 실행하라
- 공공혁신의 敵-정부그룹 경영혁신
- 공공혁신의 窓-정부그룹 전략 보고서

■ 주요활동

병원컨설팅
- 국내 최다 의료관련 컨설팅 경험(200회 이상)
- Big 4 등 상급종합병원 75%이상, 국립대병원 80%이상 컨설팅 수행
- 국립암센터, 서울의료원 등 대부분의 공공의료기관 컨설팅 수행
- 대학병원, 중소병원 등 전국 17개 의료기관과 3~10년의 장기 협력경영 수행

의료정책
- 국무총리실 의료산업선진화위원회 의료제도개선분과 전문위원
- 보건산업최고경영자회의 기획위원장
- 국립중앙의료원 설립추진위원회 위원, 한국외과학회연구재단 이사
- 존스홉킨스 보건대학원 자문교수(Faculty preceptor)

기 업
- S, H, L 등 대기업의 의료신사업 또는 의료복합단지 개발 전략 프로젝트
- 삼성물산, 삼성건설, 삼성엔지니어링 등 비전전략 프로젝트
- SKT, KT의 신사업 또는 프로세스 혁신 프로젝트
- 한국전력공사의 신사업 또는 전략 프로젝트

국 회
- 국회 예산정책처 재정분석실 자문위원
- 국회 미래연구원 자문위원
- 국회 공적자금운영실태를 위한 청문회, 예비조사 위원

국가재정
- 재정경제부 국가 재정관리 프로세스 혁신 프로젝트
- 재정경제부 디지털예산회계를 위한 BPR/ISP 총괄
- 재정경제부 정책자문위원, 국가재정정보화 추진위원회 위원 등

정부조직
- 중앙정부 경영진단과 정부조직업 개정 총괄
- 행정자치부 혁신추진단 위원, 보건복지부 조직개편 자문위원
- 건설교통부 철도구조개혁 실무추진단 위원 등

지역정부
- 부산시 발전전략과 시정진단 프로젝트
- 서울시 시정평가, 조직개편, 인사쇄신, 성과인정 등 자문위원
- 경기도 산하기관 정비 프로젝트 등

산하기관 (공기업)
- 한국전력산업구조 개편안과 한전분할안 수립
- 청와대 공기업선진화위원회 민간자문단 위원
- 기획재정부 정부투자기관 경영평가단 총괄반위원 등
- 한국국제보건의료재단, 한국고용정보원 비상임감사

목 차

프롤로그 경영의 명의를 기대하며 8
- 당신 배에는 칼이 안 들어가느냐? | 8
- 운명처럼 다가 온 '의료' | 9
- 병원장은 있어도 경영자는 없었다? | 11
- 미리 본 세상이 펼쳐져 | 13
- 대한민국 의료를 이끌 주인공은 '경영의 명의' | 16
- 경영을 배우는 첩경은 타산지석과 복기 | 18

제 1 장 병원경영자의 악전고투 20
- 똑똑한 '탁 병원장' | 22
- 대기업 사장도 어려운 병원경영 | 25
- "나만 그런 건 아냐" | 33
- 나는 어떤 유형인가? | 39
- 진료과 출신에 따른 병원장의 특징 | 47
- 경영자 선발시스템이 핵심 경쟁력 | 57
- 병원장이 힘든 이유 | 61
- 열악한 여건에서 더욱 빛나는 '탁월한 경영자' | 78

제 2 장 탁월한 병원장의 전략경영 82
- 익숙한 것과의 결별 | 84
- 미래의 이정표를 세워라 | 89
- 시스템으로 일하게 하자 | 102
- 인재를 육성하고 실행을 지휘하자 | 109
- 실행을 함께하는 협력경영(Consolving™) | 118

제 3 장　탁월한 병원장의 특징과 노하우　124
- '터널 시야'를 극복한 병원장 | 126
- 특징 1. 병원장이 된 이유에 집중한다 | 132
- 특징 2. 비난에 의연하다 | 139
- 특징 3. 남의 지혜를 잘 구한다 | 145
- 특징 4. 일반직의 가치를 잘 안다 | 160

제 4 장　탁월한 병원장의 7계명　168
- 경영성과로 이어지는 7계명 | 170
- 계명 1. 과거를 부정하지 마라 | 177
- 계명 2. 망설이지 마라 | 184
- 계명 3. 솔선수범하라 | 189
- 계명 4. 먼저 다가가라 | 196
- 계명 5. 공정하라 | 202
- 계명 6. 조직과 시스템으로 일하라 | 208
- 계명 7. 집요하게 성과를 챙겨라 | 215
- 계명을 지켜야 할 때와 그렇지 않을 때 | 224

제 5 장　탁월한 병원장의 경영 로드맵　226
- 동네축구에서 벗어나는 법 | 228
- '경영의 나침반' 없이 길을 떠나지 말라 | 234
- 준비기 : 취임 전에 준비하고 또 준비하라 | 237
- 적응기 : 팀워크와 방향을 잡아라 | 241
- 추진기 : 속도와 완성도로 성과를 거둬라 | 245
- 마감기 : 아름다운 마무리는 새로운 출발의 발판 | 249
- 임기 후에 더욱 빛나라 | 253

에 필 로 그　퇴고의 의미를 새기며　258

프롤로그
경영의 명의를 기대하며

당신 배에는 칼이 안 들어가느냐?

1998년 단군 이래 '최대의 국치'라는 IMF 외환위기가 닥쳤다. 기업은 무너지고, 실업자가 흘러넘쳤다. 나라는 한치 앞을 예측할 수 없는 상황이었다. 당시 30대 중반의 나이에 청와대 직속 기획예산위원회 팀장으로 정부개혁을 담당하였다. 경영컨설턴트 중에서 특이하게도 정부재정과 조직에 대한 경험이 많다는 게 발탁 이유였다. 출연연구기관, 산하기관, 공기업, 중앙정부를 순차적으로 경영혁신하는 작업이 이어졌다.

민간에 맡길 수 있는 분야의 공기업은 민간에 매각했다. 공공 부문에 남겨야 할 분야는 운영체제를 바꾸고 조직과 인력을 감축하여 생산성을 높였다. 최대의 공기업이었던 한국전력공사의 발전부분을 6개 자회사로 분할하고, 검인정교과서 정책의 걸림돌이던 국정교과서 주식회사를 민간에 매각하고 중복기능이 있는 한국조폐공사의 조폐창을 통합하여 인력을 대폭 감축하는 식의 혁신이었다. 말이 경영혁신이지, 실상은 대규모 공공조직의 뼈를 깎고 살을 베어내는 것 같은 고달픈 과정이었다. 그 과정에서 '당신 배에는 칼이 안 들어가느냐'는 식의 협박을 수없이 들어야 했다. 한국조폐공사의 통폐합을 담당했던 팀장으로서 국회 청문회, 특검, 서울지검, 대검찰청에서 곤욕을 치르고 증인 신분으로 법정에 두 차례 서야 했다.

국회 국정조사특위 기관보고

한국조폐공사 국정조사청문회

운명처럼 다가 온 '의료'

저자의 인생경로를 바꾸게 한 계기가 있었다. 당시 저자는 민간에 의한 정부경영진단과 정부조직법 개정을 실무적으로 총괄하게 되었다. 저자는 '3개 부처만 시범실시한 후 확대하자'는 실무안을 올렸으나 '전 부처를 대상으로 하라'는 대통령 지시가 떨어졌다. 민간 컨설팅기관이 전 중앙부처를 경영진단한 것은 세계에서 유일한 사례이다. 19개 민간 진단기관에서 150명이 넘는 전문가가 참여하였다. 8개월에 걸쳐 전 정부부처와 일부 지자체를 경영진단하고 국가공무원법과 정부조직법을 개정하였다. 각 정부 부처가 왜 존재해야 하는지를 묻고, 미래의 정부역할에 맞게 조직과 인력 그리고 운영시스템을 재설계하는 과정이었다.

정부조직을 단순히 통폐합하거나 축소하는 것보다 미래의 행정수요에 걸맞게 개편해야 한다고 생각했다. 그래서 정부조직의 미래방향을 잡기 위해 선진국과 선진정부의 특징을 살펴보았다. 선진국들은 당시에도 이미 고령화되었고 그 속도도 매우 빨랐다. 이로 인한 재정투입 금액이나 정부지출에서 차지하는 비중이 높았고, 보건복지정책의 우선순위가 최상위에 위치하고 있었다. 또한 소득이 높고 고령화될수록 건강과 의료에 관심이 많을 수 밖에 없었고 그 결과 의료산업이 매우 발달해 있었다. 고령화는 피할 수 없는 엄청난 재정악화요인이지만, 한편으론 의료산업을 키우는 새로운 기회라고 판단하게 되었다. 한마디로 '선진국은 의료가 강했고, 의료가 강해야 선진국이 될 수 있다'는 게 결론이었다.

우리나라에 또 다시 위기가 닥친다면 그것은 고령화 때문이며, 선진국으로 진입할 기회가 온다면 그것도 의료산업 덕분일 것이라는 확신이 이때 섰다. 공무원을 그만두면 의료의 경쟁력을 높이기 위해 의료와 공공부문에 탁월한 컨설팅회사를 만들겠다는 다짐의 산물이 '엘리오앤컴퍼니'이다.

병원장은 있어도 경영자는 없었다?
엘리오를 창립할 당시에는 '병원경영'이라는 용어가 낯설던 시절이었다. 병원을 대상으로 경영 컨설팅을 업으로 하는 것은 무모하다며 주변의 만류가 많았다. 시장이 없는데 어떻게 존속할 수 있느냐는 것이다. 포기하지 않으니 기회는 찾아왔다. '하나님의 사랑으로 인류를 질병으로부터 자유롭게 한다'(연세의료원, 1999년), '대한민국 의료를 세계로 이끄는 병원'(서울대병원, 2006년)이라는 미션과 비전 그리고 중장기 발전전략을 전 구성원과 함께 만들 수 있는 귀한 기회가 주어졌다.

엘리오가 의료계에 이름을 널리 알리게 된 것은 2006년 발간한 책 <병원장은 있어도 경영자는 없다> 덕분이다. 표지가 빨갛다고 해서 '빨간 책'으로 불리며 회자되기도 했다. 이 책은 의료 컨설팅을 시작한 지 5년이 지난 시점에 펴냈다. 병원, 기업과 정부를 상대로 컨설팅한 경험을 살려 저자가 느낀 점을 허심탄회하게 적었다. 병원장들이 불편해할 내용이 적지 않았을 것이다. 그럼에도 '밑줄 치면서 읽었다', '몇 번을 읽었다', '늘 상기하려고 책상에 올려놓고 본다'는 격려를 많이 받았다. 책에서 권고한 대로 실천하여 큰 도움을 받았다며 감사의 뜻을 전해온 병원장도 적지 않았다. 그 분들의 격려에 힘입어 <엘리오 병원전략>, <병원은 많아도 의료산업은 없다>, <병원경영의 윙맨 리더십>, <병원인재의 조건> 등을 꾸준히 펴냈다.

그 동안 25년이란 세월이 훌쩍 흘렀다. 엘리오는 대학병원, 중소병원, 국공립병원 등 다양한 병원들과 보건복지부, 제약회사, 바이오·헬스케어 기업 등 의료관계기관과 기업들과 문제를 해결하기 위해 머리를 맞대었다. 저자가 그동안 함께 협력한 병원경영자만 대충 헤아려도 300명이 넘는다. 수행경험과 획기적인 성과에 있어 엘리오의 실적은 국내에서 압도적인 최고의 기록을 가지게 되었고 해외에서도 사례를 찾아보기 어렵다.

흔히 제기되는 단발성 컨설팅의 한계를 넘고자 장기적이고 상시적인 경영협력관계를 통해 실행력을 높이는 컨솔빙(Consolving™)이라는 새로운 서비스 모델을 구축했다. 이를 통해 존폐 기로에 선 병원을 살려내고 지역 대표병원으로 만드는 등 전국의 다양한 병원들과 함께 모범사례를 쌓아가고 있다. 이를 공유하고자 낸 책이 <병원경영 실전전략>과 <중소병원 생존전략>이다.

미리 본 세상이 펼쳐져

25년 전 정부에서 일하며 갖게 된 '의료가 우리나라의 미래를 결정할 것'이라는 확신이 틀리지 않았다. 이제는 우리나라 사람들은 과거보다 20~30년을 더 산다. 그런데 선진국처럼 생명연장의 꿈이 실현되자, 이를 축복이 아닌 재앙이라고 말한다. 현재 우리나라 50대 이상 부부의 부모님 네 분 중 한 분은 요양시설에 있다. 앞으로 그 비율은 더욱 빠르게 커질 것이고 사람들의 노후 불안도 더 치솟을 수밖에 없다. 이렇듯 고령화는 자칫 가계 경제를 넘어 국가재정의 블랙홀로 이어질 수 있다.

고령화가 재앙이 아니라 축복인 시대를 만들려면 개인은 물론 국가적 대비가 필요하다. 선진국들은 오래 전부터 고령화된 국민을 행복하게 할 수 있는 시스템경쟁을 벌이고 있다. 그렇기에 의료산업의 세계시장이 커지고 경쟁이 더욱 심화되고 있다. 우리나라도 팔을 걷어붙이고 그 대열에 뛰어들어야 한다.

전자, 전기, 반도체, 자동차, 철강, 조선 등 제조업의 경쟁력뿐만 아니라 문화, 체육, 예술분야에서도 세계의 부러움을 사는 경사들이 이어지면서 국가브랜드 이미지가 획기적으로 높아졌다. 코리아 디스카운트가 코리아 프리미엄으로 바뀌며 국운(國運)을 맞이하고 있다.

현재 1인당 GDP와 인구 둘 다 우리나라보다 많은 나라는 불과 5개국에 지나지 않는다. 미국, 독일, 영국, 프랑스, 이탈리아인데, 이탈리아는 우리나라와 격차가 현저히 줄어들고 있다. 우리나라가 의료산업에서 세계적인 경쟁력을 확보한다면 고령화에 대비하는데도 효과적이겠지만, 다른 측면에서는 지금까지 상상도 하지 못했던 세계 4대 강국의 꿈을 현실로 만들 수 있다.

우리나라 의료의 위상도 한결 높아졌고, 그동안 축적된 역량으로 이제 의료인이 기여할 때다. 선진국 VIP들이 치료를 위해서 한국을 찾을 때, 한국 의료진이 선진국의 의료진을 교육할 때, 한국의 의료산업과 그 연관제품과 서비스가 세계시장을 지배할 때, 고령인력 케어를 위한 선진시스템과 제품을 수출할 때 우리나라는 진정한 '강국'이자 '지식 선진국'으로 우뚝 설 수 있다. 김구 선생님이 원했던 문화강국을 이루고 있으며 앞으로는 건강강국, 행복강국으로의 여정을 본격화해야 한다.

앞으로 대한민국의 의료는 치료에서 예방과 예후관리의 영역으로 확장해야 하며, 의료 전반적인 시스템을 첨단화하고, 약과 장비 그리고 소모품 등의 영역에서 세계를 선도해야 한다. 이를 위해 정부는 관련 규제를 풀어 각 분야에서 과감한 도전을 할 수 있게 해야 한다. 규제를 풀면 과잉경쟁이 되어 산업경쟁력이 떨어질 것이라고 걱정했던 분야들이 오히려 세계적인 경쟁력을 확보하게 되었음을 상기하자.

대한민국 의료를 이끌 주인공은 '경영의 명의'

메르스, 코로나, 의정사태 등 3, 4년이 멀다하고 상상도 하지 못한 환경변화가 있어왔다. 앞으로도 병원을 둘러싼 경영 환경은 변화의 폭과 깊이를 달리 할 것이다. 경영의 핵심은 다가오는 변화에 민감하게 반응하고 이를 새로운 기회로 만드는 것이다. 그렇지 않으면 위상이 떨어질 뿐만 아니라 생존조차 확보할 수 없다. 상상하지 못한 변화가 있었을 때 오히려 병원 간 위상과 경쟁력이 뒤바뀌었다. 의정사태 이후에도 마찬가질 것이다.

그렇기에 환경변화가 심해질수록 '병원경영자'의 중요성은 더욱 높아질 것이다. 그런데 병원에서는 병원경영자를 육성할 체계도 미흡하고 그들이 리더십을 발휘할 여건도 매우 열악하다. 병원장을 비롯한 주요 보직자의 권한과 보상이 취약하고, 특히 임기가 치명적으로 짧다. 이런 여건이라면 기업의 탁월한 경영자도 성공적인 혁신과 획기적인 성과를 내기 어려울 것이다.

그럼에도 저자가 만난 분들 가운데 탁월한 성과를 내고 모범적인 경영을 한 분들이 적지 않았다. 그들의 특징이 있다. 첫째, 조직발전에 대한 목표의식이 명확했다. 둘째, 배움에 대한 열정이 대단했다. 셋째, 실행에 필요한 정교함과 끈기를 갖추었다. 넷째, 자기중심이 있었고 정직했다. 다섯째, 긍정적이었고 여건 탓이나 남 탓을 하지 않았다. 이러한 장점을 무기로 어려운 여건 속에서도 짧은 시간 동안 묵은 숙제를 해결했다. 이들은 '경영의 명의(名醫)'로 칭해도 부족함이 없는 분들이다.

탁월한 진료 실력과 훌륭한 인품을 갖췄다는 이유만으로 명의(名醫)가 되는 것은 아니다. 새로운 진단과 수술방법을 개척하여 의료계의 새로운 지평을 여는 분들이 선진국형 명의다. 마찬가지로 경영의 명의는 단순히 병원의 발전만 이루는 것이 아니라 우리나라 의료의 수준을 한층 높이고 의료산업을 선도해나가야 한다.

경영을 배우는 첩경은 타산지석과 복기

병원신문에 병원경영과 관련된 칼럼을 연재하면서 엘리오 임원들과 많은 토론을 했다. 엘리오에서 함께 일한 지 평균 17년, 프로젝트 경험도 평균 80여 회에 이르는 베테랑들이다. 이전에 쓴 10여 권의 책을 재평가하고, 그간 겪었던 성공사례와 실패사례를 돌아보면서 병원경영자를 위한 책을 내놓을 시기라는 공감대가 생겼다. 이 책은 과거의 저술들을 참고하고 활용하였다. 거기에 20여 년간의 병원경영 컨설팅 경험과 노하우를 다시 정리하고 훌륭한 병원경영자들의 고견을 반영해 새롭게 펴냈다. 앞으로 미래형 병원과 의료산업을 선도할 '경영의 명의'의 출현과 혁신적 분위기 형성을 기대하며 한 작업이다.

병원의 리더들의 손이 쉽게 닿는 곳에 자리 잡아 고민이 있거나 생각을 정리해야 할 때 맨 먼저 떠오르는 책이 되기를 소망한다. 주로 의료원장, 병원장과 같은 최고 의사결정자의 사례를 중심으로 설명하였지만, 병원의 모든 리더들이 자신의 역할을 감안하여 읽는다면 많은 교훈을 얻을 수 있을 것이다.

보다 재미있게 읽히도록 사례를 많이 활용하였다. 이는 특정인과 특정병원의 사례를 지칭한 것이 아니라 여러 사람과 여러 병원 사례에서 경험한 일을 조합한 것이다. 이해를 높이기 위해 실명을 언급한 내용은 해당기관이 스스로 밝혔거나 언론을 통해 이미 공표된 경우에 한했다. 독자께서 이 책에서 취할 좋은 내용이 있다면 그 대부분은 조언을 아끼지 않은 병원장들의 덕이다. 지적받아야 할 내용이 있다면 그것은 온전히 저자의 몫이다.

가장 웅장한 광경은
역경을 이겨내는 자의 장한 모습이다

『L. A. Seneca』

1
병원경영자의 악전고투

똑똑한 '탁 병원장'

경기고등학교를 졸업해 서울의과대학을 수석 입학하고 수련의 과정에서도 우수한 성적을 받은 수재 중 수재가 있다. 25년간 병원에서 일하며 풍부한 진료경험을 쌓았고, 학회에서도 꽤 명성을 날린 그는 기획실장 보직을 거쳐 마침내 꿈꾸던 병원장이 되었다. 그를 '탁 병원장'이라고 하자.

탁 병원장은 의사들에게는 별다른 주장을 하지 않는 반면 병원 직원들에게는 고압적인 태도를 취했다. 주위에는 '예스맨'(Yes Man)만 있고, 직원들은 그 앞에선 주눅 들어 일할 의욕을 잃고 의견조차 제대로 말하지 않는다. 취임 이후 2년이 흘렀지만 경영 상태는 오히려 악화됐다. 병원의 명성은 더 떨어지고, 직종 간 갈등이 커지고, 병원은 갈수록 생기를 잃어가고 있다. 무엇이, 어디서부터 잘못된 걸까.

그는 몸값이 싸다. 그를 먼저 찾는 사람이 임자다. 스케줄 관리를 직접 하면서 만나자는 요청을 거절하는 법이 없다. 정치인인지 경영자인지 알 수가 없다. 그는 외부인을 만나거나 사무실에 머무는 데 대부분의 시간을 쓴다. 구성원 중 제한된 사람들만 만날 뿐 다른 직원들의 의견이나 고충을 듣고 대화하는 일은 거의 없다. 그런데도 무슨 일이 그렇게 바쁜지 결재할 시간이 없다고 한다. 병원장실 앞에는 결재를 받으려는 긴 행렬을 쉽게 볼 수 있다.

그는 직원들에게 진심으로 따뜻한 말을 건네는 일이 없다. 자신에게 한 번 잘못 보이면 끝까지 물고 늘어진다. 직원들을 격려하고 그들의 마음을 읽으려는 노력은 찾아보기 힘들다. 누구를 만나든 자기자랑이고, 다른 사람 이야기는 흘려 듣는다. 병원장이 된 후 그저 열심히 했다고만 할 뿐, 병원의 비전은 말하지 않는다. 병원이 유지되는 것에 만족하고, 투자나 새로운 시도도 없다. 조금이라도 튀는 의사와 직원들은 무시당하거나 곤욕을 치른다. 그러니 우수한 의사나 직원들은 기회만 되면 병원을 떠나려 한다.

뛰어난 의료진도, 심사숙고하여 만든 전략도 그와 같은 리더십을 만나면 무용지물이 된다. 특히 병원장이 지배적인 역할을 하는 중소병원은 더 말할 나위도 없다. 이를 흔히 '파괴적 리더십'이라고 부른다. 병원의 분위기, 역량, 미래를 결정하는 게 병원장의 경영 스타일이라고 해도 과언이 아니다. 불행하게도 그는 병원을 병들게 하고 있다. 혹시 당신의 경영스타일도 그와 유사하지 않은지 돌아보자.

대기업 사장도 어려운 병원경영

대기업 출신 임원의 연이은 실패

삼성전자, 현대산업개발, 삼성종합화학, SK그룹 등 유수의 대기업에서 사장이나 임원을 지낸 이들이 재단이나 대학병원의 총괄사장, 기획실장 등의 핵심 직책을 맡은 경우가 있었다. 아쉽게도 성공사례를 찾아보기 힘들다.

그건 병원경영이 그만큼 어렵다는 것을 의미한다. 내로라하는 경력의 기업 경영자가 와도 병원경영이 어려운 것은 그들이 병원의 특성과 의료계의 생리를 이해하지 못해서다. 대기업 임원으로서 병원의 경영자로 영입된 이들에게 저자는 이렇게 당부했다. "답답한 점이 많아도 선불리 '혁신'을 말하지 말라. 제발 6개월에서 1년은 지켜보라"고. 병원의 오랜 관행과 그 이면에 놓인 맥락이 있기에 그것을 알고 대화

25

해야만 수용성이 높을 것이라고 했다. 하지만 그렇게 하겠다고 말한 사람들도 정작 실천에 옮기는 경우는 드물었다. 익숙하지 않은 상황에 대한 답답함과 성과에 대한 조급함을 극복하지 못했기 때문이었다.

대기업 사장 출신이 K의료원의 정책실장이 되었다. 말이 정책실장이지 의료원의 사실상 최고의사결정권자였다. 그도 저자의 말을 듣고 병원의 상황을 살펴보고 있었다. 병원장이 임상과장회의를 소집해도 절반 정도 밖에 모이지 않는다. 어느 기업이든 사장이 임원회의를 주관하면 있을 수 없는 일이다. 환자가 기다리는데도 연구실에서 내려오지 않고, 환자를 무시하는 언행까지 서슴지 않는 교수도 있다. 자신이 잘못한 게 명백한데도 일반직을 나무라고 환자를 탓한다. 그의 눈에는 병원이 한마디로 엉망진창으로 보인다. 참다못한 기업출신 경영자는 교수들을 모아 이른바 '혁신 교육'을 시작했다. 한 번 교육에 2시간을 넘기기 일쑤였다. 기업 경영기법을 병원에 그대로 적용하는 등 혁신이라는 이름으로 4년 동안 조직을 쥐고 흔들었다. 오너와 가까워 보이기에 교수들은 앞에서는 수긍하는 척했지만 뒤에서는 비난했다.

그는 취임 4년이 지난 후 경쟁병원의 요청으로 강의를 했다. 그곳에서도 병원혁신을 강조했다. 자신이 몸담은 병원 의료진들의 정신을 개조하고 있다는 말까지 했다. 아무리 일말의 진심이 담겨 있다고 해도 해서는 안 될 말이었다. 그 뒤에 무슨 일이 벌어졌을까? 강의가 끝나자마자 경쟁병원 교수들이 강의자의 병원에 근무하는 자신의 아내, 형제, 친구 등에게 전화로 그의 말을 전했다. 그는 강의를 듣는 교수들의 친구는 물론 배우자, 형제, 친지들이 자신의 병원에 근무할 수 있다는 것을 염두에 두지 않은 것이다. 의료계는 경쟁병원에서도 가족, 친지, 친구들이 상시 교류하는 비밀이 없는 세상이다. 그는 교수들에게 신뢰를 잃고 결국은 병원을 떠나게 되었다. 단순한 설화(舌禍)나 몇 건의 사건 때문이 아니다. 오랜 시간이 지나도 의료계의 고유한 문화나 행태를 이해하지 못했기 때문이다.

경영자가 진정성을 담아 혁신을 외치는 것보다 더 중요한 게 있다. 조직을 움직일 수 있는 정교한 방법이다. 이것이 준비되어 있지 않으면 혁신의 시도는 오히려 반발만 키울 수 있다. 병원경영은 특히 그렇다.

공무원이나 기업 경영자들은 병원경영을 쉽게 보는 경향이 있다. 완전히 잘못된 생각이다. 객관적인 여건에 비춰보면 병원경영이 기업경영보다 훨씬 더 난이도가 높다. 그 이유를 몇 가지만 들어보겠다.

1 규제가 많다

기업에 대한 정부규제는 병원과 의료서비스에 비하면 새 발의 피 수준이다. 병원은 깡패 고객이라도 거부할 수 없고 가격을 자신이 결정할 수도 없다. 시설과 장비를 규정에 맞춰 도입해야 하고, 그 규정은 수시로 바뀌기까지 한다. 새 규정에 맞추려면 다시 시설·장비를 업그레이드할 수밖에 없다. 자본조달을 하려 해도 규제가 너무 많다. 그래서 투자유치를 통한 시설장비 확충도 사실상 불가능한 경우가 많다.

2 비즈니스 특성이 복잡하다

병원처럼 여러 성격이 혼재된 비즈니스는 많지 않다. 노동집약적인데다 자본집약적이고, 전문서비스를 제공하고, 여기에 더해 대학병원은 교육·연구기능도 수행한다. 병원은 수

많은 직종의 사람들이 모여 병실과 의료장비를 갖추고 진료라는 전문서비스를 제공하는 곳이다. 수많은 인력을 관리해야 하고, 대규모 자본이 투자되었기에 가동률을 높게 유지해야 하며, 전문서비스를 제공하기에 위험관리와 규정준수에 각별한 신경을 써야 한다. 온갖 기업의 특성이 한데 모여 복잡하게 얽힌 곳이 병원이라고 해도 과언이 아니다.

3 제공하는 서비스가 다양하다

병원은 각 진료과에 따라 제공하는 서비스가 매우 다르다. 반면 기업은 규모가 커도 제공하는 제품과 서비스가 유사하다. 통신회사, 전력회사, 화장품회사 등은 성격이 크게 다른 서비스와 제품을 취급하지 않는다. 한다고 해도 그 차이가 그리 크지 않다. 어떤 병원장은 사자무리, 원숭이무리 등 각 영역에 따라 완전히 다른 세상이 펼쳐지는 동물원이 대학병원과 가장 유사하다는 말을 하곤 했다. 그래서 다른 진료과의 일을 제대로 알기 어렵고, 특정 진료과의 장(長)인 진료과장은 병원장의 말조차 잘 수용하지 않는 경향이 있다.

4 고도의 전문직 종사자들의 집합체이다

병원에는 30개가 넘는 진료과의 의사를 비롯하여 간호사, 방사선사, 병리사 등 각종 기술자, 일반 행정직, 시설관리 등등 하나하나 전문성이 있고 분야가 전혀 다른 프리랜서급 전문직 종사자가 함께 모여 일하는 집합체이다. 병원에는 비행기 조종사 자격증을 제외하고 없는 자격증이 없다는 말이 있다. 의료직종의 자격증이 아니더라도 변호사, 회계사, 노무사 등의 다양한 자격증을 가진 전문가들이 병원에 근무한다. 최근에는 닥터헬기를 모는 헬기조종사도 병원의 직원이 되었다. 마치 축구, 야구, 배구 등 여러 프로스포츠 종목의 각 팀을 하나의 조직으로 묶은 곳이 병원이라고 해도 무리가 없을 듯하다. 이와 같이 전문가가 많이 포진한 조직은 일반 회사의 경영 환경과 다를 수밖에 없다.

5 고용경직성이 강하다

기업은 직원이 나가면 경력직 채용이 쉬운 편이다. 하지만 병원은 의료진 수급이 매우 어렵다. 의사 공급이 절대적으로 부족하기 때문에 이들에 대해서 병원은 을의 처지에 처해있다. 그들은 공부를 많이 했기에 비판과 논쟁에 강하고 자연과학을 했기에 타협을 잘하지 않는다. 모범생이었기 때문에 남에게 간섭받거나 지적받기를 싫어하고, 인정받는 것을 매우 좋아한다. 병원에서 뭔가 새로운 시도를 할 때는 그것을 왜 해서는 안 되는지 이유를 찾아내는 것에 가히 선수들이라고 해도 과언이 아니다. 대부분 직종의 독립성이 강하고 의사들은 다른 직장을 쉽게 구할 수 있기 때문에 이들을 설득하고 구하기가 쉽지 않다. 부적합한 인력을 내보내기도 어렵고, 또 대체인력을 구하기도 어렵다.

정부와 지자체, 기업 컨설팅 분야에서 약 30년의 경험을 가지고 있고 의료분야에서 컨설팅 경험이 제일 많다는 저자도 아직 병원에 대해 모르는 부분이 적지 않음을 솔직히 고백하지 않을 수 없다. 그만큼 병원은 복잡한 특성을 가진 조직이다.

지금까지 기업에서 훌륭한 성과를 낸 임원들도 의료계에 들어와서는 고전하는 것이 어쩌면 당연한지도 모른다. 그러나 대기업 경영보다도 어려운 병원경영을 탁월하게 수행할 기업 출신 경영자들이 보다 많이 출현해 성공 사례를 써야 한다. 이와 더불어 의사출신이면서 병원경영에 전문성이 있는 경영자들도 많이 나와야 한다. 병원의 규모가 날로 커지고, 병원경영이 각종 의료산업과 융합되기 때문에 탁월한 경영자가 절실히 요구되고 있다.

"나만 그런 건 아냐"

어쩌다 병원장

A병원장은 연임을 해서 진행하는 일을 마무리 짓고 싶었다. 하지만 공모에는 변수가 많아 결과를 예측할 수 없었다. 성품이 매우 좋고 자신을 배신하지 않을 B교수를 불렀다. A병원장의 경쟁자를 견제하기 위한 들러리로 병원장에 공모하라는 것이었다. 그런데 공모과정에서 A병원장은 상대의 모함으로 낙마하고, 우여곡절 끝에 B교수가 병원장에 임명되는 일이 벌어졌다. 별다른 준비도 없이 병원장이 된 그는 난감하기 짝이 없었다. 낙마한 A병원장은 자신도 별다른 경험 없이 잘했으니 당신도 잘할 것이라며 입 발린 소리를 했다.

병원장이 된 B교수는 어차피 벌어진 일 잘해보려고 보직자들과 의논하는 등 나름대로 업무 파악을 위해 노력했다. 하지만 솔직히 회계, 노동법규, 인사조직, 시설, 전산 등의 이슈를 충실하게 이해하기는 어려웠다. 결재 서류에 사인을 하면서도 자신이 없었다. 병원장이 될 것을 염두에 두고 미리 생각을 정리하고, 필요한 준비를 했더라면 얼마나 좋았을까 하는 생각이 시간이 지날수록 간절해졌다.

병원장의 변명

병원의 규모에 따라 대형병원(또는 대학병원)과 중소병원으로 나누고, 거버넌스 구조에 따라 경영자를 오너 병원장과 전문 병원장으로 나눈다. 중소병원 병원장은 대부분이 오너 병원장이고, 대학병원 의료원장과 병원장은 오너가 아닌 전문 병원장이 일반적이다. 병원끼리 경쟁이 심해지면서 점점 병원장을 신중히 선출하고 있으며, 병원장을 준비하는 사람들도 늘어나고 있다. 문제는 언제 병원장이 될지 알 수도 없고, 진료와 연구를 위해 많은 시간을 보내야 하며, 경영에 대한 학습과 경험의 기회를 좀처럼 가지기 어렵다는 점이다. 이런 분들이 병원장이 되면 나타나는 특성이 몇 가지 있다.

1 경영에 전념하지 않는다

병원장은 병원을 믿고 찾은 환자에게 감동을 주고, 하루 중 절반의 시간을 보내는 구성원들에게 행복한 일터를 제공할 책임이 있다. 이는 병원장이 어떻게 하느냐에 달려있다. 병원을 찾은 환자가 불만이 가득한 채 병원을 떠날 수도 있고, 서비스에 감동하여 구성원들에게 존경을 표할 수도 있다. 구성원들에게 새로운 희망과 기회를 줄 수도 있고, 서로 갈등하고 비난하고 좌절하는 분위기 속에서 일상을 보내게 할 수도 있다. 그런데 어쩌다 병원장이 된 분들은 환자 감동을 위한 일과 구성원의 미래를 위한 일, 즉 경영에 전념하기보다는 연구나 진료를 지속하며 학회나 개인적인 사회활동을 유지하고, 현 직책을 다음 자리를 위한 징검다리 정도로 여기곤 한다.

2 장기적 안목과 계획이 없다

병원장의 임기는 2년 또는 3년인데, 이 기간을 부여받은 병원장이 병원의 5년, 10년을 내다보는 비전을 가지고 경영계획을 세우기란 현실적으로 어렵다. 그래서 중장기 비전과 구체적인 전략이 없다. 병원의 체질을 바꾸고 위상을 끌어올리는 사업은 최소 2년이 넘게 걸린다. 취임하자마자 시작해도 마무리하기 어려운 일들이다. 그러다보니 병원의 발전을 위해 우선순위가 높은 일에 집중하기보다는 당면한 과제에 더 신경을 쓰게 되고, 임기가 끝날 즈음이 되어서야 병원의 근본적인 변화를 위해서 해야 할 일이 무엇인지 알게 된다.

3 아끼는 걸 능사로 안다

경영은 한 푼을 아끼는 데 목적이 있지 않다. 두 푼을 쓰더라도 열 푼을 벌어야 한다. 그런데 연봉이나 작은 규모의 돈에 익숙하다보니 병원의 막대한 예산에 대해서는 감이 없다. 연구비, 교육비, 홍보비 등 자신이 안다고 생각하는 작은 예산은 잘 따지지만 장비 구매, 정보시스템 구축 그리고 건축 등 큰 예산은 오히려 크게 관여하지 않는다. 사업을 하다가 시행착오로 잃게 되는 작은 금액은 매우 아까워하며 흥분하지만, 어떤 조치만 미리 했으면 얻을 수 있었던 많은 수익을 놓쳐버린 것은 알지도 못한다. 그렇기에 놓친 수익을 아까워 할 수도 없다.

4 투자할 때 획일성을 중시한다

병원은 돈이든 사람이든 투자를 할 수 있는 자원이 한정되어 있다. 제한된 자원을 병원 차원에서 우선순위가 높은 일에 투자하도록 하는 것이 병원장의 역할이다. 대부분의 병원장은 자원을 순서대로 배분하거나 균일하게 나누는 것이 형평성이 있다고 생각한다. 우선순위를 정하여 자원을 집중하는 것보다 평균적으로 나누는 것이 의료진의 비판을 적게 받기 때문이다. 진료과 간의 획일적 형평성을 중요시하기 때문에 미래 질병구조의 변화와 수익기여도를 고려하지 않고 진료과의 정원을 배분하는 우를 범하기도 한다.

5 대접받길 바란다

병원장들 중에는 어디서든 자신이 주인공이 되어야 하고 대접받아야 한다고 생각하는 사람이 많다. 이들은 회의할 때 공무원처럼 자신의 자리 배치와 의전에 신경을 쓴다. 일을 위해 자신을 낮추고 협조를 구하기보다는 권한을 행사하여 다른 사람을 움직이려 한다. 또한 직원이 다른 의견을 제시하면 몹시 불쾌해하고, 재차 반대의견을 제시하는 직원은 승진에서 탈락시키거나 좌천시키기도 한다. 이런 병원장은 구성원들이 자신의 말을 이견 없이 순순히 받아들이고 따라야 한다고 생각한다.

지금까지 든 예시는 뭔가 문제가 있는 특별히 '나쁜 병원장'의 행태가 아니라 우리 주변에서 흔히 볼 수 있는 '보통 병원장'의 모습이다. 과거보다는 매우 나아졌고 이런 문제점을 개선하려는 병원장들도 늘어난 건 사실이다. 하지만 여전히 준비되지 않은 병원장들이 존재한다. 그 이유는 병원장을 선발하는 고장난 시스템이 그대로 유지되고 있기 때문이다. 보통의 병원장은 병원을 갑자기 망하게 하지는 않지만, 병원 경쟁력을 높이거나 획기적인 발전을 이끌기 어렵다.

나는 어떤 유형인가?

구분의 기준

의사의 실력도 그렇듯이 병원장의 특성과 역량도 천차만별이다. 성과지향성과 관계지향성의 요소를 활용해 4가지 유형으로 나눌 수 있다. 호인형, 제왕형, 변덕형(우유부단형), 전략형이다. 나는 혹은 우리병원의 병원장을 비롯한 부서장은 어떤 스타일인지 생각해보자.

1 호인형

이 유형은 대인관계는 잘하지만 성과에 대한 집착은 덜한 스타일이다. 자신만의 탁월한 친화력으로 인간관계가 원만하다. 대부분 술을 잘 마시고 대외관계도 좋아 의료계에서 마당발로 통한다. 약속을 잡으려고 하면 몇 주 전에 미리 예약을 해야 할 정도다. 젊을 때 진료 실력을 인정받는 사람은 나이가 들어 보직을 맡게 되면서 병원장의 꿈을 키우게 된다. 주요보직을 차례로 맡은 후에 병원장이 된다. 하지만 이들이 보직을 맡으면서 특별한 경영성과를 내는 경우는 많지 않다.

이들은 인간관계를 중시하기 때문에 저항이 따르는 의사결정을 하지 않거나 합의가 되지 않았다는 이유로 의사결정을 미룬다. 위험요소가 조금이라도 있거나 인기를 잃을 것 같은 일은 무조건 거부한다. 건물을 짓고 장비를 들여오는 일이나 외부 행사에는 적극적이지만 구성원의 이해관계가 걸린 인사제도 개선에는 소극적이다. 또 확실해지기 전에는 결정하지 않고 미룬다. 장고 끝에 내리는 결정은 악수(惡手)이기 일쑤다. 그 당시에는 큰 문제가 없어 보이지만, 다음 병원장은 미뤄져 악화된 일들로 인해 어려움을 감내해야 하는 경우가 많다.

결국 이런 스타일의 병원장은 병원의 큰 변화를 이끌지는 못한다. 그러나 대형 사건사고나 전임 병원장의 횡포 등으로 조직 분위기가 어수선해진 경우에 긍정적인 영향을 주기도 한다. 또한 부원장이나 기획실장을 독재형이나 전략형으로 선임하여 자신의 약점을 보완하고 큰 성과를 내는 경우도 적지 않다.

2 제왕형

이 유형은 대인관계에 소홀하지만 성과를 매우 중시하는 스타일이다. 이들은 학교 다닐 때부터 수재, 천재로 불렸고 병원장이 되기까지 실패를 모를 정도로 승승장구했다.

말을 잘하고 논리적이다. 학습력이 뛰어나고 지적 호기심이 많아 책 읽기를 좋아한다. 하지만 다른 사람을 배려하거나 인정하는 것에 인색하여 인간관계가 원만하지 않다. 나름대로 학습한 지식이나 경험을 과신하여 '혼자 다 아는 척'하고 자신이 제일 잘났다. 다른 사람들에게 일을 맡기면 성에 차지 않고 답답해한다. 사소한 것도 아랫사람에게 맡기기보다는 자신이 직접 해야만 한다. 그래서 이들은 직원들로부터 'X주임'이라는 별명으로 불린다. 의사결정을 할 때도 다른 경영진과 의논하기보다는 자신의 판단 하에 일방적으로 결정하기 일쑤다. 결과가 나오면 겸허하게 인정하고 책임을 지기보다는 자기는 무조건 잘했고 잘못된 것은 다른 사람 탓이고 여건 탓이다. 일의 우선순위를 모르고 자신이 잘 아는 것 중심으로 일한다. 다른 사람의 힘을 활용하지 않는다. 그 결과 자신은 바쁘고 많은 일을 하는 것 같지만, 수많은 의료진이나 직원들의 주인의식은 사라져 생동감 없는 병원이 되고 만다.

이런 스타일의 병원장은 일시적인 성과를 내기도 하지만 병원의 성장잠재력을 떨어뜨린다. 왜냐하면 자신의 가장 중요한 임무인 비전이나 전략을 짜고 실행을 총괄하는 일보다 병원 간판 교체나 쓰레기 줍기, 병원 내 도로 포장 등 직원들에게 위임해도 될 사소한 일에 더 많이 신경을 쓰기 때문이다. 그래도 이런 병원장은 증축이나 대규모 장비 구입 등 대형 사업이 있을 때 꼼꼼한 업무추진이 돋보이며 주어진 시간 내에 과업을 완수하는 경향이 있다.

3 변덕형 또는 우유부단형

이 유형은 대인관계가 미흡하고 성과를 중시하는 마인드도 부족한 스타일이다. 별것도 아닌 결정인데도 회의를 소집하고 모든 사람이 합의해야 된다며 의사결정을 미룬다. 회의를 하면 사적인 담화만 하다가 회의를 끝내기에 결정이 나지 않는다. 이는 가급적 많은 사람의 의견을 듣는 형식을 취함으로써 책임을 분산하려는 것이다. 이들은 신중하게 처리한다는 이유로 의사결정의 타이밍을 놓치는 경우가 허다하다.

이처럼 결정을 습관적으로 미루거나 번복하는 경우가 잦다. 새로운 사업을 위해 인선을 했다가도 주변에서 반대하면 다시 생각해보자며 백지화하고 또 다른 인선을 한다. 다른 조직과 협상을 하려고 미리 참모들과 상의를 해놓고도 막상 협상에 들어가면 그들의 주장에 밀려 협의한 내용과는 거리가 먼 합의를 해주고 만다. 검토 내용을 제대로 파악하지 않은 채 결정하고 나서 얼마 가지 않아 번복한다. 번복한 것을 구성원 탓으로 돌리기도 한다. 이런 일이 반복되면, 구성원들은 주요 사안이 결정되어도 선뜻 움직이지 않는다. 어떻게 될지 모르니 독촉하기 전까지 기다리는 것이다.

또한 정서적으로 매우 예민하고 급하다. 귀가 얇아서 책을 읽거나 주위에서 무슨 이야기를 들으면 곧바로 지시를 내린다. 그러나 말한 것과는 전혀 다른 행동을 한다. 불시에 일을 벌이기 때문에 항상 불안하다. 이들은 주로 사무실에서 보고만 받고 현장을 방문하지 않는다.

아랫사람이 모시기 가장 어려운 유형 중에 하나이다. 자신의 기분에 따라 의사결정이 좌우되기 때문에 보고자가 말을 굉장히 조심해야 한다. 수시로 온탕과 냉탕을 경험하게 되고 시간이 조금 지나면 병원장에 대한 신뢰가 무너지고 영(令)이 서지 않게 된다. 이에 따라 병원은 눈치를 보기에 급급한 분위기가 되고 병원장이 말하기 전에는 아무도 움직이지 않는다. 지시를 해도 그 지시가 바뀌어서 자신이 언제 바보가 될지 모르기 때문이다. 직원들 사이에서는 '팔랑귀' 또는 '사이코'로 불리고 험담이 난무한다.

이들은 경영성과를 내기는커녕 소극적인 조직문화를 만들며 우수인력을 떠나게 하고 남은 사람들도 의욕을 상실하게 만든다. 이런 병원장은 어떤 상황에서도 좋은 성과를 내는 경우가 없다.

4 전략형

이 유형은 대인관계도 좋고 높은 성과를 내는 스타일이다. 병원에 대한 애정이 있고 경영에 관심이 많다. 나름대로 경영을 공부하고 고민하면서 착실히 준비해 온 이들이다. 병원 경영 외의 분야에서도 나름의 성과를 낸 적이 있고 장기적으로 자신의 경력을 관리한다. 학창시절이나 수련의 시절에 낙방의 아픔을 비롯하여 몇 번의 큰 실패와 좌절을 경험해 본 사람들이 전략형인 경우가 많다. 목표를 달성하기 위해서라면 자신을 낮추어 마음에 들지 않는 사람도 품는 포용력이나 아량이 있다. 다른 사람에 대한 배려가 있어 직원들 사이에서 평판도 좋다. 병원을 혁신하려면 무엇이 중요한지 알고, 그것을 해결하기 위해 다양한 의견을 구하고 결국 해내고 만다. 목표를 달성하기 위해 치밀하게 계획하고 전략적으로 행동할 줄 아는 병원장이다.

하지만 자신과 철학이 다르거나 병원에 악영향을 주는 극히 일부의 사람을 철저히 배척하고 자신과 맞는 사람을 지나치게 고집하는 경향이 있다. 그런데 이런 성향은 인간관계에서는 약점이 되기도 하지만 성과를 내기 위해 불가피한 측면도 있다. 이들은 경영 성과를 낸 경험과 자신감 때문에 다소 독선적인 측면이 있을 수 있으나 올바른 주장을 하는 사람에게는 매우 우호적이다.

이런 병원장은 어려운 여건에서도 자신의 임무를 상황에 맞게 정의하고 탁월한 성과를 만들어낸다. 병원이 아닌 기업에서도 매우 높은 성과를 낼 수 있어 앞으로 이러한 유형의 경영자는 더욱 주목받을 것이다.

진료과 출신에 따른 병원장의 특징

의사들에 대한 편견

직업병은 특정 직업에 종사하는 동안 발생하는 질병을 말하지만, 직업으로 인해 생기는 고질적인 습관을 의미하기도 한다. 저자는 전국에 있는 대부분의 병원들을 가보았다. 그래서 대화 중에 특정 지역이나 장소 얘기가 나오면 '그 주변에 ○○병원이 있지 않느냐'는 말이 먼저 나온다. 오랜만에 가족과 함께 유럽으로 여행을 갔을 때에도 큰 병원이 보이면 그 병원의 맨 위층부터 지하까지 구석구석 살펴보아야 직성이 풀린다. 휴가지에서도 기다려야 했던 가족에겐 미안할 따름이다.

적지 않은 일반인들로부터 의사들, 특히 의대교수들과 같이 일하는 게 힘들겠다는 말을 많이 듣곤 한다. 실제로 의료계

내에서도 이런 말을 자주 들었다. 세상에서 바꾸기 어려운 특징을 가진 사람들이 있다. 첫째는 공부를 가장 많이 한 박사다. 둘째는 남을 가르치는 교수다. 셋째는 남의 병을 고치는 의사다. 이 세 가지를 다 갖춘 사람이 의대교수라는 것이다. 여기에 한 가지를 더한다면 고용안정성이 확보된 공무원이다. 이것을 모두 갖춘 이는 국립대병원 교수다. 그래서 세상에서 가장 설득하기 어려운 사람은 국립대병원 교수라는 우스갯소리가 있다.

이런 말을 완전히 부인하기는 어렵다. 그들은 자신의 의사를 원만하게 표현하거나 타협하는 훈련이 잘 되어 있는 경우가 드물기 때문이다. 하지만 그들의 성장과정을 보면 이해되는 측면이 많다. 고등학교를 거쳐 의과대학 시절은 물론이고 전문의가 되기까지 형성되는 관계는 대부분 상하관계이다. 거의 일방적인 지시와 수용의 관계이다. 게다가 친구와 동료관계도 경쟁관계다. 상대적인 평가이기 때문에 협력하기보다는 친구와 동료를 이겨야만 했다. 그렇다고 다른 사회경험을 통해 타협하고 협력하는 역량을 배울 기회도 별로 없다. 다양한 책을 읽을 시간이 거의 없어 간접경험도 적다. 그렇기에 자신의 감정이나 원하는 바를 다른 사람에게 진솔하게 표현하거나 다른 사람과 타협하는 것이 서투른 편이다. 이런 서투름은 단순히 병원경영에 도움이 되지 않거나 환자에게 불친절한 인상을 주는 데 그치지 않는다. 자신이 진정 행복한 의사가 되기 어렵다는 데 그 심각성이 있다. 최근 의과대학에서 이런 문제점을 개선하려는 시도는 적절하지만 보다 혁신적인 조치가 시급하다.

그렇다고 해서 일반인들이 말하는 것처럼 의사들이 유달리 꽉꽉 막혔고, 이기적이고, 특히 변화하지 않는 사람들이라는 것은 저자의 경험상 일반화하기 어렵다. 환자생명을 다루는 그들의 임무 특성상 자신의 판단에 대한 확신이 있어야 한다. 만약 지금과는 다른 선택을 하려면 명백한 논거가 있어야 한다. 그렇지 않으면 자신의 입장을 바꿀 수가 없는 것이다. 그것이 '전문가의 소신'이다.

저자는 그동안 경험했던 다른 업종의 수많은 기업과 공공기관의 구성원과 의사들을 비교해보곤 한다. 의사들이 유독 변화에 둔감하다고 말하기는 어렵다. 왜냐하면 기업이나 공공기관의 구성원도 논리적으로 납득되어도 자신의 이해관계와 상충될 때에는 거센 저항을 하는 게 일반적이었기 때문이다. 저자는 다른 직업인보다 의료진들과 일하는 것이 오히려 더 재미있다. 그들은 근거와 논리가 확실하면 더 신속하게, 더 깨끗하게 수용하는 것을 수없이 경험했다. 의학 공부를 하면서 근거, 논리를 기본으로 했기에 숫자, 통계, 비교자료에 매우 익숙하기 때문이다. 특히 명분이 있는 일에 대해서는 다른 직업군보다 수용을 더 잘 하는 경향이 있었다. 아마도 환자생명을 우선한다는 소명과 같이 명분 중심의 사고가 무의식적으로 뇌리에 자리 잡고 있기 때문일 것이다.

어떤 직업군이든지 변화를 특별히 싫어하거나 조직에 해(害)가 되어도 자신의 조그만 이익을 우선하는 일군의 사람들이 있기 마련이다. 의사 중 일부가 그렇다고 해서 대다수 의사의 특징이라고 보는 것은 잘못이다. 의사들은 엘리트이고 처우를 잘 받기 때문에 무조건 이해관계를 떠나야 한다는 것은 말 그대로 편견이다.

진료과에 따른 습관과 경영방식

그동안 만났던 병원장들에게서 느낀 점이다. 병원장의 경영

방식은 출신 진료과에 따라 특징이 다르다는 것이다. 크게 외과계, 내과계 그리고 협진계(지원진료계)로 나누어서 말해보고자 한다.

1 외과계

외과계 의사는 외래환자를 보긴 하지만 주 업무는 수술이다. 수술은 의사 혼자서만 잘 한다고 좋은 결과를 낳는 것은 아니다. 고난이도 환자일수록 수술을 아무리 잘해도 환자상태 때문에 좋지 않은 일이 생기기도 하고, 수술팀원의 사소한 실수가 큰 사고를 초래하기도 한다. 결과가 나쁘면 환자보호자들은 의료사고를 의심하며 멱살잡이도 마다하지 않는다. 보호자와의 분쟁 등으로 인한 트라우마 때문에 한동안 수술이 두려워지기도 하고, 괜히 수술하기 싫은 날도 있다. 그렇다고 해서 수술을 함부로 취소할 수도 없다. 우리나라 외과의사의 1인당 수술건수가 선진국보다 몇 배 많은 편이다. 그래서 오늘 취소하면 어차피 내일은 더 힘들어진다. 또 환자만족을 강조하는 풍조와 예상되는 환자의 항의를 생각하면 수술 연기를 입 밖에 내기도 어렵다. 이런 애로사항을 모른 채 일반인들은 TV 드라마에 나오는 멋지거나 거만한 외과의사의 모습만 떠올리며 부러워한다.

외과계 의사는 이렇게 고단한 수술을 통해 세 가지 역량이 자연스럽게 생기게 된다. 첫째는 결단력이다. 일단 수술을 시작하면 망설이며 지켜볼 수만은 없다. 절개 전에 예상했던 상태와 다를 때 별다른 조치없이 다시 봉합하는 것도 큰 결단을 요구한다. 둘째는 팀플레이 역량이다. 자신이 집도해도 수술에 참여하는 여러 사람의 도움이 필수적이다. 그래서 팀워크의 중요성을 일찌감치 인식할 수밖에 없다. 대부분 술도 잘 마시고 함께 어울리는 것을 즐기는 이유다. 셋째는 스트레스 내구성이다. 수술할 때 발생하는 돌발 상황에 대한 당혹감, 결과가 나쁠 때 받는 자책감 그리고 환자보호자의 비난 등은 외과의사의 숙명이다. 이를 극복하지 않으면 수술을 계속할 수가 없다.

이런 특성 때문에 외과계 출신 병원장은 변혁기에 적합한 편이다. 과감한 시도를 해야 하거나 더 미룰 수 없는 해묵은 숙원사업을 해결하는 데 적임이다. 실제로 반대가 많았던 사업도 원만하게 추진하여 성과를 낸 경우가 많았다.

2 내과계

내과계 의사는 일부 시술도 하지만 문진이 주 업무다. 내과라고 해서 다 똑같은 내과는 아니다. 심장내과나 소화기내과는 시술도 해야 한다. 호흡기내과와 신장내과는 중환자실, 인공신장실을 관리해야 한다. 내분비내과는 당뇨 같은 만성 질환이 많고 감염내과는 타과 입원환자의 컨설트가 집중되어 진료량이 매우 많다. 이와 같이 세부 분과들을 내과라는 한 그룹으로 묶기에는 특성이 많이 다르다.

내과는 입으로만 하면 되기 때문에 편하다고 말하는 사람들이 있다. 이는 병원을 몰라도 한참 모르는 말이다. 중환자실에 입원하고 있는 환자의 절반 이상이 내과환자들이다. 입원환자의 컨설트를 가장 많이 받는 것도 내과의들이고 당직 설 때 응급의학과 다음으로 많은 일을 하는 것도 내과의들이다. 응급실에서 당직 콜도 내과의가 더 많이 받는다. 내과의가 수술 전과 후에 환자상태를 잘 챙겨야 의료사고도 줄고 수술 후 경과도 좋다. 이렇게 고달픈 내과의들은 한 나절에 환자를 30명에서 120명까지 본다. 많이 보는 이는 1~2분 내에 한 명, 적게 보는 이는 5분에 한 명씩 진료해야 한다. 이런 진료패턴에 대해 환자들은 불만이 많지만 의사에겐 거의 살인적 업무량이다. 똑같은 문진을 해야 하고 말도 안 되는 질문에도 답해야 한다. 이런 고달픈 상황에서도 웃어야 하고 자세히 설명하기를 강요받고 있다.

이런 생활 속에서 내과의사들은 세 가지 역량이 생기게 된다. 첫째는 특유의 꼼꼼함이다. 2분 진료의 루틴 속에서도 중환을 놓치지 않기 위해 눈과 귀 등 오감을 다 동원해야 하는 경험의 산물이다. 촉이 좋은 셈이다. 둘째는 신중함과 끈기이다. 한 번의 처방으로 끝나는 게 아니라 재진을 통해 환자상태를 꾸준히 관찰해야 하기 때문이다. 셋째는 자기 확신이다. 대부분의 일을 혼자 판단하고 결정하므로 상대적으로 자신에 대한 믿음이 강하다. 환자들에게 설명할 기회가 많기 때문에 논리와 설득을 잘 하는 반면 자기주장이 강하게 된다.

그래서 내과계 병원장은 병원경영이 정상궤도에 있을 때 성과를 더 잘 거두는 경향이 있다. 수익을 꾸준히 성장시키고 차별화된 운영시스템을 구축하는데 적합하다. 장시간 꾸준하게 지켜보면서 분석하고 진행과정을 꼼꼼히 챙겨야 하기 때문이다.

3 협진계(지원진료계)

협진계(지원진료계) 의사는 영상의학과, 마취통증의학과, 방사선종양학과, 핵의학과, 진단검사의학과, 직업환경의학과 등이다. 최근 영상의학과의 중재적 시술이나 마취통증의학과의 통증관리시술 등 일부 과에서 환자를 직접 시술하는 경우도 늘어나고 있다. 하지만 대부분은 환자를 직접 보지 않고 진료한다. 이들은 일반직 직원과의 관계가 좋으며, 직종에 대해 균형 잡힌 시각을 가지고 있는 경우가 많다. 대부분 분석적이어서 병원에 대한 냉철한 시각과 자신만의 창의적 대안을 가지고 있기도 하다.

지원진료계라고 하지만 각 진료과는 꽤 다른 특성을 가지고 있다. 예를 들어 영상의학과 의사는 정보기술이나 분석에 대한 관심이 많고 관찰력이 뛰어나며 매우 꼼꼼한 편이다. 영상의학과 출신의 병원장은 병원의 비용을 절감하고 시스템을 만드는 데 좋은 성과를 보이곤 했다. 마취통증의학과에는 소위 마당발이라고 불릴 정도로 대내외적으로 대인관계가 폭넓은 의사가 많다. 이에 반해 사람에 대한 호불호가 강하고 자신이 선호하는 분야에 대해서는 주장이 강한 경향이 있다. 마취통증의학과 출신의 병원장은 자신의 성격을 보완할 사람을 부원장으로 활용하느냐 여부에 따라 성과가 확연하게 갈리곤 했다. 진단검사의학과 의사는 대부분 차분하고 대인관계가 좋은 편이다. 자기주장이 강하지 않으며 다른 사람들의 의견을 경청한다. 진단검사의학과 출신의 병원장은 큰 사업 추진에는 매우 신중한 편이고 전반적인 경영분야에서 무난한 성과를 내는 편이다.

경험했던 병원장들의 출신과를 고려해서 그들의 특성을 말해보았다. 하지만 진료과 출신 못지않게 개인적인 특성과 성품 그리고 경영에 대한 준비여부에 따라 경영스타일과 성과가 달라진다는 것은 주지의 사실이다.

경영자 선발시스템이 핵심 경쟁력

경영자 선발시스템의 모범사례

아마추어 병원장이나 말썽을 일으키는 일부 병원 구성원을 탓한다고 해서 병원경영이 정상화되지 않는다. 문제의 근원은 특정 사람이 아니라 시스템이기 때문이다. 즉 현재의 병원장을 탓할 것이 아니라 준비되지 않은 사람이 병원장이 되도록 한 부실한 시스템을 고쳐야 한다. 별다른 경영경험이 없어도 연줄에 따라 병원장이 되고, 병원장이 되어도 권한은 거의 없으며, 조금 알만하면 교체되는 시스템이 제대로 된 병원경영을 가로막고 있다.

병원장 선발시스템의 모범사례가 있다. 어느 병원은 설립 후로 꾸준히 성장하면서 우리나라 의료계를 선도해왔다. 그 경쟁력의 원천은 '경영진의 경영전문성과 안정성'이다. 그 병원에는 '깜짝 발탁' 보직자가 없다. 경영에 대한 보직경로가 뚜렷이 지켜지고 있기 때문이다. 경영분석실장, 교육수련부장, 기획부실장 등의 보직을 한 후 기획실장을 하고 연구부원장 또는 진료부원장을 한 뒤 특별한 일이 없으면 병원장이 된다. 병원장 임기는 2년이지만 연임이나 3연임을 하는 게 관례화되어 있다. 적어도 4~6년 동안 특정 보직을 수행하는 것이다. 병원장이 되기 전에도 주요 보직을 10~16년 정도 수행하기 때문에 경영전문성에 대한 경험이 축적돼 있다.

모범사례의 효과

이것이 뭐 별것이냐고 속단해선 안 된다. 다른 종류의 혁신보다 대단히 큰 효과가 있다.

첫째, 부적합자가 병원장이 될 우려가 적다. 보직자들이 보직경로에 따라 각자의 업무를 수행하는 과정에서 그들의 경영역량과 인품 등이 검증되기 때문이다.

둘째, 전략이 장기적으로 일관되게 추진된다. 신임 병원장은 전임 병원장 시절 부원장이나 기획실장으로서 오랫동안 함께 일하였기에 전략이나 정책에 대한 이해도가 높고 책임감도 공유한다. 대학병원에서는 병원장이 바뀌면 이전의 사업과 정책기조가 크게 달라지거나 때로는 역주행하는 일이 벌어지곤 한다. 이런 치명적인 부작용을 막을 수 있다.

셋째, 전체 보직자의 리더십에 매우 긍정적인 영향을 준다. 자신도 언젠가 주요보직자가 될 것이니까 준비해야 한다는 생각을 하게 된다. 구성원들 또한 현 보직자가 언젠가 병원장이 될 것이라고 생각하기 때문에 그들의 리더십이 강화되는 효과가 있다.

넷째, 교수 모두가 자신의 역할에 충실하게 만든다. 의료진은 40대에 경영보직의 트랙을 타지 못한 사람은 병원장이 되기 어렵다는 것을 알게 된다. 그러면 보직은 포기하고 진료나 연구에서 뛰어난 성과를 내는 데 집중하게 된다. 이는 대부분의 대학병원에서 많은 교수들이 '나도 언젠가는 병원장이 될 수 있다'는 생각으로 이런저런 일에 기웃거리며 '병원 정치'를 하는 과정에서 일어나는 많은 부작용을 원천적으로 줄이게 된다.

이런 시스템의 구축은 병원의 경쟁력을 좌우한다고 해도 과언이 아니다. 정책결정의 오류가 적고, 정책번복으로 인한 시행착오를 하지 않고, 구성원의 협조가 용이하며, 자신의 직무에 충실한 분위기가 이루어지는 것이다. 이 반대의 경우에 지불해야 하는 대가를 생각해보면 돈으로 환산할 수 없을 정도다.

'어보'(어쩌다 보직자)가 없고 '준보'(준비된 보직자)가 대부분인 병원의 보직자들과 함께 일하는 것은 매우 유쾌하고 보람차다. 자신의 업무에 대한 파악이 잘 되어 있고 매너도 좋고 말도 잘 통한다. 변명하거나 말꼬리를 잡는 일이 없다. 회의에서 나오는 질문이나 제안들도 매우 생산적이다.

병원장이 힘든 이유

우리나라 병원경영자가 일하는 여건은 국립대학병원, 사립대학병원, 일반 종합병원, 전문병원에 이르기까지 모두 다르다. 하지만 공통점이 있다. 경영자가 성과를 내기 어려운 여건에서 일한다는 것이다.

대학병원 경영자의 여건은 어떠할까?

현재는 한 명의 병원장이 수많은 병원장 후보들을 모시며 경영하는 체제다. 동료교수 혹은 선후배가 진을 치고 있다. 전임 병원장이 그 뒤를 지키고 있다. 게다가 타 직종들은 병원장을 의사의 대표 정도로 여기며, 2~3년 있으면 지나갈 사람으로 생각한다. 의사의 인사권도, 일반직의 인사권도 제대로 행사하기 어렵다. 특히 의료진이 대학교수이기 때문에 승진에 관여할 수도 없고, 진료에 충실하지 않거나 환자와의 약속을 지키지 않아도 별다른 조치를 취하기 어렵다. 게다가 투자의사결정이나 일상적인 예산집행조차도 이사회의 눈치를 봐야 한다. 남의 말을 잘 듣지 않고 타협하지 않는 교수들을 설득해야 하고, 교수평의회와 노조의 견제를 받아야 한다. 일을 하지 않겠다고 마음을 먹으면 모를까, 조그마한 변화라도 이끌어내려면 별의별 비위를 맞추어야 한다.

직원에 대한 보상이나 징계 권한도 적고, 온갖 비난을 감내하며 성과를 내어도 경영 보상이 있는 것도 아니다. 그래서 병원장들은 권한도 없고 더 받는 것도 없는데 인심 잃어가며 일해야 할 이유가 뭐냐고 푸념한다. 실제로 그런 경험을 하고 난 뒤 적당히 타협하고 인심을 쓰는 병원장들도 있다.

대학병원의 발전을 위해서는 병원장의 선발방식, 임기와 연임, 권한과 보상에 대한 효과적인 시스템을 구축하여 경영자가 소신껏 일할 수 있는 여건을 기본적으로 마련해 주어야 한다. 경영자가 신이 나지 않는데 어떻게 신나는 직장을 만들 수 있겠는가? 먼저 경영자가 신이 나야 한다. 자신의 모든 것을 올인(All-in)하게 해야 한다.

중소병원 경영자의 여건은 어떠할까?

이사장이나 병원장이 동일인인 경우를 포함해 대부분 이사장이 병원의 실질적인 경영자이다. 중소병원은 투자의사결정과 일반직에 대한 인사권한이 있다는 점에서 대학병원보다 여건이 매우 양호하다.

그런데 의사와 간호사에 대해서는 병원장이 을도 아니고 병에 가까운 입장이기 때문에 인사권이 별 의미가 없다. 높은 연봉에도 불구하고 의사 수급이 어렵다. 의사들이 기분이 상하면 언제 나갈지 모르고, 갑자기 나가버리면 대체할 의료진을 구하기 매우 어렵다. 그래서 의료진의 눈치를 보는 것이 중소병원이나 전문병원 병원장의 일상이다. 눈치 보기가 구성원을 배려하는 마음이라고 볼 수도 있지만, 의료진의 잘못된 행태조차 방관하는 것은 보통 문제가 아니다. 일부 의료진이 병원 분위기를 흐리면 모범적인 의료진도 그 영향을 받게 된다. 악화가 양화를 구축하는 결과를 부르곤 한다.

제대로 된 병원을 만들기 위해서는 중소병원의 경영자가 '갑'은 아닐지언정 '을'이나 '병'의 지위에서는 벗어나야 한다. 진료과의 구조조정을 실시하여 경쟁력이 떨어지는 진료과는 없애고, 특화하려는 진료과는 인력을 더 충원해야 한다. 이를 통해 특정 진료과의 의사 이탈이 병원에 미치는 영향을 줄여야 한다. 또한 수익성 개선을 통해 근무여건을 개선하여 의료진들이 근무하고 싶은 병원을 만들어야 한다.

힘없는 병원장은 경쟁력이 높은 병원을 만들 수 없다. 병원의 규모가 커서 이사장이 병원장을 겸하지 않을 때는 병원장에게 권한을 부여함으로써 실질적으로 경영을 할 수 있게 해야 한다. "의사들이 병원에 관심이 없다"고 말하기 전에 그들과 경영을 의논하고, 그들이 참여할 기회를 주는 시도를 해야 한다.

탁월한 병원장이 좋은 여건을 만날 때 탁월한 성과가 나온다. 부족함이 있는 병원장이라 해도 좋은 여건을 만나면 어느 정도의 성과를 낼 수 있고, 우수한 병원장이라 해도 일할 여건이 안 되면 좋은 성과를 기대하긴 어렵다. 지금부터라도 자질과 전문성을 갖춘 적임자를 선택하고 제대로 일 할 수 있는 시스템을 마련해야 한다.

병원장 자격에 대한 규제

우리나라 의료법에는 개설자에 대한 규제가 있다. 의사가 아니면 개인병원을 개원할 수 없고, 한 명의 의사가 2개 이상의 의료기관을 개설할 수 없다. 재단법인이나 의료법인 등 법인이 운영하는 병원의 병원장은 의사가 아니어도 된다. 하지만 서울대학교병원의 병원장은 법령으로 의과대학의 교원으로서 10년 이상의 교육경력이 있는 사람 또는 의료인(의사·치과의사·한의사·조산사 및 간호사)으로서 10년 이상의 의료경력이 있는 사람으로 한정하고 있다. 전문경영인의 임용이 원천적으로 차단돼 있다.

사실 병원장의 요건은 출신보다 병원장 업무에 적합한 경영 전문성을 보유했는지가 핵심이다. 우리나라 병원장의 요건을 의료인으로 한정하는 것은 후진적인 규제에서 벗어나지 못하고 있음을 의미한다. 훌륭한 의사였지만 훌륭한 경영자가 아닌 경우가 적지 않았고, 그 반대로 훌륭한 의사는 아니었지만 탁월한 경영자로서 성과를 보여준 경우도 적지 않았다. 의료진 여부가 아니라 병원장으로서 전문성과 리더십을 기준으로 병원장을 뽑아야 하는 이유다. 우리나라에서도 종교법인이 운영하는 병원은 신부나 수녀와 같은 성직자가 병원장을 맡기도 한다. 최근에는 의료법인을 세운 창립자가 작고하고 2세, 3세가 이사장이 되고 있다. 2, 3세 중 의료인이 아닌 경우도 적지 않다. 병원경영자는 의사가 아니면 안 된다는 것은 현실적이지도 논리적이지도 않다.

미국의 병원장은 비의사가 더 많다. 특히 미국 상위 20개 병원의 경우에도 절반에 가까운 의료원장 및 병원장이 비의사 출신이고 간호사 출신도 있다. 또한 미국 상위 20개 병원의 의사 출신 경영자들은 경영에 대한 관심을 키우고 있다. 의사 출신 의료원장 및 병원장 중 경영 교육을 받은 비율도 꾸준히 증가하고 있다. 미국은 의사, 간호사 등의 자격여부를 떠나 경영의 전문성을 높이려는 노력을 강화하고 있다.

알 만하면 끝나는 임기

국제무대에서 우리나라 협상대표의 별명은 'My name is'라고 한다. 다른 나라의 협상대표들은 장기간 재임하기에 서로를 잘 알고 있다. 하지만 우리나라 협상대표는 수시로 바뀌어 협상장에 나갈 때마다 자기소개를 해야 하기에 이런 별명이 따라다닌다는 것이다. 이런 상황에서 협상을 잘할 수 있겠는가? 우리나라 기업의 경영자도 3년 임기 단임으로 끝나는 경우가 많다. 글로벌 대기업의 총수나 해외 사모펀드 관계자들은 이런 현상을 매우 의아하게 바라본다. 경영자가 자주 교체되는데 어떻게 경쟁력 있는 기업이 될 수 있느냐는 것이다.

이와 마찬가지로 2, 3년의 짧은 임기를 가진 병원경영자는 병원의 장기적인 미래를 계획할 수 없다. 서울대학교병원을 비롯한 국립대학교 병원장의 임기는 3년이고, 분원의 병원장 임기는 2년이다. 본원 병원장은 한 번만 연임할 수 있다는 규정에 따라 3연임은 법적으로 불가능하다. 동아대학교 의료원장, 고신대학교복음병원장의 임기가 3년인 것을 제외하면 사립대학교 병원장의 임기는 대부분 2년이고 명목상 연임가능하다.

대부분의 구성원은 병원장이 누가 되어도 크게 신경 쓰지 않는다. 오래지 않아 바뀔 것이기 때문이다. 저자의 경험상 병원장이 전반적인 병원 상황을 이해하기 위해서는 결산 이사회를 경험해 보아야 한다. 결국 병원장으로서 적응하는 기간만 1년 걸리는 셈이다. 그러니 임기가 2년이든 3년이든 적응할만하면 거의 임기의 절반이 지나 레임덕이 오기 시작한다.

대부분 단임으로 끝나기 때문에 병원장이 임기 중반 무렵부터 하는 행위는 '재임'을 위한 것이라는 색안경을 끼고 보기 시작한다. 그래서 2년 혹은 3년의 임기 중에 실제로 일을 할 수 있는 기간은 절반인 1년 내지 2년 남짓에 불과하다.

2년 임기에서 연임하여 4년을 재임해도, 실제로 리더십을 발휘하여 일을 할 수 있는 기간은 2년이다. 1년차는 적응한다고 보내고 2년차는 연임을 위해서 만사를 조심해야 한다. 연임된 첫해인 3년차는 제대로 일을 할 수 있고 4년차에는 레임덕으로 일을 하기 어려운 상황이기 때문이다. 그래서 재임기간이 동일하게 4년이라고 해도 4년 임기를 한 번 하는 것과 2년 임기를 두 번 하는 것은 매우 다르다. 4년 임기는 4, 5년에 대한 장기계획을 수립할 수 있는 기반이 되지만 2년 임기의 병원장은 그렇게 하기 사실상 불가능하다. 임기가 짧으니 단기 경영에 치중할 수밖에 없다.

단기 경영의 폐해는 일반적으로 생각하는 것보다 훨씬 더 심각하다. 첫째, 장기적인 계획수립을 원천적으로 어렵게 한다. 자신의 임기 이후의 기간을 계획해야 하기 때문이다. 둘째, 정책이나 사업의 일관성을 확보하기 어렵다. 병원장이 바꾸면 대부분 뭔가를 새로 시도하려는 경향이 있기 때문이다. 셋째, 병원장의 교체를 전후로 1년 안팎의 경영공백기가 너무 자주 발생한다. 전임 병원장의 레임덕 기간과 신임 병원장의 적응기간에는 사실상 중요한 의사결정이 이루어지기 어렵다. 임기가 짧을수록 이 같은 공백은 더 자주 발생한다.

3년 임기의 국립대학병원 병원장들은 대체로 1년 적응하고 1년 일하고 1년 쉰다. 후임 병원장은 첫 1년을 뒤집으며 보내고 1년 일하고 1년 쉬는 고리를 탄다. 2년 임기의 사립대학병원은 연임이 안되는 경우에는 1년 일하고 1년 쉬고, 1년 뒤집고 1년 쉬는 구조다. 연임이 된다하더라도 1년 일하고 1년 쉬고, 다시 1년 일하고 1년 쉬는 게 일반적인 모습이다.

병원장 임기를 오래 보장하는 모범사례도 있다. 수녀회에서 운영하는 병원은 병원장 재임기간이 대체적으로 길다. 특히 성빈센트병원의 임기는 5년이며, 3년인 대구파티마병원이나 포항성모병원도 연임이 관례가 되어 평균 6년 이상의 재임기간을 보이고 있다. 이것이 그 병원들이 주변 대학병원을 비롯한 대형병원들과 직접적으로 경쟁하고 있음에도 좋은 이미지와 함께 높은 재무성과를 내는 주요 요인이다.

앞으로 임기는 최소 3년은 되어야 하고, 연임이 가능해야 한다. 경영성과가 탁월한 경우에는 10년, 20년도 할 수 있어야 한다. 경영자를 수시로 돌아가면서 하는 형태는 동문회와 같은 친목단체에서나 하는 일이다. 경영자는 수백 명에서 수천 명에 이르는 구성원의 생계에 큰 영향을 주기 때문에 성과와 경영역량을 기준으로 선발하여 장기간 활용해야 한다.

미국 대학이나 선진대학병원은 총장이나 병원장의 재임기간이 길다는 것이 특징이다. 메이오클리닉, MGH, 존스홉킨스, 클리블랜드클리닉 등의 병원장 재임기간은 10년을 넘는 게 흔한 일이다. 우수 경영자를 육성하고 선발하는 것은 세계적인 기업들의 핵심역량이다. 회장의 재임기간은 최소 10년이 넘고, 20년을 넘는 경우도 흔하다. 총수로 임명될 때의 나이는 대부분 40대 초반이다. 검증과정을 통해 젊은 사람을 총수로 뽑고 20년간 장기적으로 활용하는 것이다. 경영자를 잘 육성하는 기업에는 준비된 경영자 후보군이 많다. 그 가운데 20년간 검증된 가장 탁월한 단 한 명의 회장을 뽑으면 된다.

그런데 경영자를 체계적으로 육성하지 않는 우리나라의 병원에서는 준비된 경영자가 드문데도 2, 3년마다 새로운 경영자를 뽑아야 한다. 적임자가 없을 경우에는 구성원들이 수긍할 수 없는 병원장이 임명될 수 밖에 없다. 어떤 쪽이 경쟁력 있는 시스템인가?

다행히 2019년 말 사립대병원의 경영자 임기와 관련하여 희소식이 있었다. 연세대학교 법인이사회에서 2년이었던 연세의료원장(원주연세의료원장)의 임기를 4년으로 변경했다. 그 후 고려대학교 의료원도 2023년부터 의료원장 임기를 2년에서 4년으로 변경했다. 또한 이화학당은 의료원장의 임기가 2년이지만 연임, 중임할 때는 임기를 이사회가 자유롭게 정하도록 2019년 9월에 정관을 개정하였다. 최근 2024년 2월에 유경하 의료원장의 3연임을 의결하면서 임기를 3년으로 정하였다. 이처럼 임기연장이나 연임사례가 늘어나는 것은 매우 바람직한 변화이다.

하지만 국립대병원은 3연임 불가의 규정을 없애지는 못할망정 과거보다 연임사례가 오히려 줄어들어 단임이 당연시되는 분위기이다. 병원의 규모도 급속히 커지고 분원도 늘어나 경영의 복잡성이 높아지는 상황에서 경영의 연속성과 전문성에 매우 심각한 저해요인이 되고 있다.

감독에게 선수 선발권이 없다면

어느 종목이건 국가대표팀의 선수선발권에 대해 이런저런 간섭을 한다면 그 팀은 좋은 성과를 낼 수 없을 것이다. 이는 선수를 선발할 권한, 교체할 권한, 훈련시킬 구장을 선택할 권한 등을 감독에게서 박탈하는 상황과 유사하다. 이렇게 되면 선수를 동기부여 시킬 수단이 사라지게 돼 선수들은 언제 해임될지 모르는 사람쯤으로 감독을 바라볼 것이다. 이런 상황에서 최고의 팀으로 변모시킬 수 있는 감독은 지구상에 극히 드물다. 무엇보다 최고의 감독은 이런 여건의 팀을 아예 택하지 않는다. 이는 병원경영자도 마찬가지다. 소신껏 역량을 발휘할 수 있는 권한을 주지 않는다면, 뛰어난 잠재력을 가진 사람이라도 높은 성과를 내기 어렵다.

사실 오너십(이사장)이 명확한 중소병원의 병원장은 대학병원으로 보면 진료부장 정도의 역할을 할 뿐 거의 권한이 없다. 대외적으로 병원을 대표한다지만 병원 내부적으로는 의료진에게 병원의 입장을 전달하거나 의료진의 고충을 들어주는 창구 정도의 역할이다. 하지만 병원의 규모를 키우고 장기적으로 발전하기 위해서는 병원장을 전문경영인으로 키워야 한다. 대학병원 병원장은 오너가 아닌 중소병원 병원장보다는 권한이 큰 편이다. 하지만 의사(교수)에 대한 인사권이 없고 일반직에 대한 인사제도도 제대로 정착되지 않아 구성원을 동기부여하기가 쉽지 않다. 게다가 투자의사결정 권한도 제한적이어서 장기적인 투자 실행은 물론 계획하는 것조차 부담스러운 실정이다.

의료원장과 병원장은 아직도 경영자로서의 보상을 제대로 받지 못하고 있다. 물론 경영자로서의 역할을 하지 않고 명예직으로 여기는 사람에게 왜 더 보상을 해야 하느냐는 구성원의 비판이 있기도 하다. 하지만 경영자에게 강력한 동기를 부여하여 얻는 효과가 들어가는 보상보다 훨씬 크다. 일부의 병원을 제외하고 현재는 병원장으로서의 명예, 차와 운전기사, 비서 그리고 카드가 보상의 전부다. 고정급은 교수의 연봉을 받고, 보직수당은 월 200만~300만 원 정도에 불과한 실정이다. 기업과 단순 비교할 순 없지만 병원장에게 경영의 대가를 지불하지 않는 것은 그냥 명예직으로 있으라는 말과 다르지 않다. 앞으로 병원장에게 연봉과 함께 경영성과에 따른 성과급을 지급해야 한다. 매출이나 이익 성장률 또는 규모, 순고객추천지수(NPS, Net Promoter Score) 등의 목표를 설정하고 이를 달성했을 때 성과급을 주는 방식이 바람직하다. 이런 안을 설계하고 합의하는 데 많은 시간이 소요된다면, 보직에 따라 의사 성과급의 최상위자 또는 상위 20% 등과 연계하는 것도 대안이 될 수 있다.

보상수준은 병원의 규모에 따라 다르겠지만 대학병원의 병원장들은 성과 보상액이 일반교수의 3배 이상은 되어야 한다. 즉, 병원장이 됨과 동시에 별정직으로 전환하고 진료는 가급적 하지 않거나 최소한으로 줄여 경영에 집중하도록 해야 한다. 병원장 퇴임 이후 정년까지의 급여를 커버할 수 있는 수준의 급여에 덧붙여 경영성과에 연계한 성과급을 추가적으로 지급해야 한다. 그래야 퇴임 후를 걱정하지 않고 소신껏 경영하게 된다.

이사회는 병원경영을 제대로 알거나, 위임하거나

병원의 설립형태에 따라 병원장의 임명 방식이 다르다. 국립대학교병원은 이사회 주관으로 병원장 임명 절차를 거친다. 이사회는 총장이 이사장이 되고 학장, 정부부처(기획재정부, 보건복지부, 교육부 차관 또는 국장) 3인, 사외이사 2인 등으로 구성된다. 이사회가 주관하여 경영계획서와 자기

소개서 등 후보의 지원을 받고 면접 후 표결한다. 1, 2위를 순서 없이 교육부 장관에게 올리게 된다. 지방 국립대병원장은 교육부장관이 임명하고, 서울대학교병원장은 교육부를 거쳐 청와대에서 임명한다. 대부분 청와대나 정부부처의 의중으로 결정된다.

사립대학교병원도 이사회에서 임명한다. 그런데 오너십이 명확하지 않은 경우에는 많은 정치적인 과정이 따르기도 한다. 과거 연세의료원장은 교수평의회에서 주관하여 투표하였고 그 결과를 이사회에서 존중해왔다. 투표는 지금도 하고 있지만 제도가 바뀌어 총장이 최종 결정한다. 최근 투표 결과가 뒤집힌 경우가 적지 않았다. 의료원장이 병원장을 임명하는 과정에서도 이사회나 총장이 관여하여 갈등이 불거지는 경우가 있었다. 고려대학교 의료원은 재단에서 의료원장을 먼저 지명하고 교수들의 인준을 받는 방식이다. 재단에서 의료원장 후보의 경영역량을 먼저 판단하되, 후보에 대한 교수들의 평판도 고려하려는 의도로 보인다.

경영자 선정과정에서 구성원의 투표는 지양해야 한다. 이런 방식은 인기에 영합하게 하고 경영진 교체에 따른 혼란을 가

중시킨다. 구성원들은 전임자와 상반된 성향을 가진 경영자를 선호하는 경향이 있다. 이 경우 전임자가 쌓아온 탑을 중단하거나 무너뜨리고 처음부터 다시 시작하는 우(愚)를 반복하게 된다. 뿐만 아니라 투표 과정에서 후보 간의 갈등의 골은 깊어지고, 임명되지 않은 후보세력은 새로운 경영자가 하는 일을 사사건건 반대한다. 마치 정치판의 여당, 야당과 같은 형태이다. 투표가 끝난 뒤 병원 분위기는 참으로 어색하다.

대학은 물론 병원의 최종의사결정권한을 가진 이사회가 병원장을 임명하는 주체가 되는 것은 당연하다. 주인이 명확한 사립대학병원은 이사장이 임명에 대한 책임을 지게 된다. 하지만 국립대학병원이나 창립자 사후 창립자의 가족이 이사장이 아닌 경우는 책임의 주체가 없다. 이런 경우에는 이사장이나 이사회의 소수가 병원장을 결정하는데 오판의 가능성이 매우 높다. 이럴 때는 이사회에서 전문가가 작성한 병원장의 경영경험과 실적자료 그리고 평판조회 결과를 토대로 판단하는 것이 좋다. 미국 우수대학의 병원들은 후보자가 자원하여 경쟁하는 방식보다는 이사회에서 영입위원회를 구성하여 경영성과와 리더십이 뛰어난 경영자를 널리 구하는 방식을 취하고 있다.

재단 이사회의 역할은 실질적 경영여부와 관련하여 두 부류로 나뉜다. 의료원장이나 병원장의 임면 권한만 행사하고 병원의 실질적 경영권은 병원장에게 일임하는 경우와 대부분의 의사결정에 관여하는 경우가 있다. 후자에서 문제가 많이 발생한다. 병원경영이나 실상을 잘 모르는 재단 이사회 멤버들이 가까운 교수들의 말을 쉽게 믿는 것이다. 의사가 자신의 이익을 관철하거나 경영진이 추진하는 혁신을 좌절시키기 위해 이사장이나 이사에게 의도적으로 접근하는 경우가 있다. 재단 이사들은 이들이 전하는 음해성 비난을 믿거나, 이를 악용하여 경영진을 난처하게 만들기도 한다. 이렇게 이사회가 의료원장이나 병원장보다는 다른 경로의 말을 신뢰하는 순간 의료원장이나 병원장의 리더십은 흔들리게 된다. 일단 임명했으면 경영자를 믿고 적극적으로 지원해야 한다. 병원장의 강력한 최후의 우군이 되어야 한다. 병원장에게 그렇게 해주지 못할 정도의 하자가 있다면 빠른 시일 내에 해임하는 것이 낫다.

열악한 여건에서 더욱 빛나는 '탁월한 경영자'

짧은 임기, 낮은 보상, 적은 권한 등 각종 족쇄를 차고서 다양한 견제세력을 제치고, 성과 달성이라는 골을 넣은 탁월한 경영자도 적지 않다. 이화의료원 동대문병원의 이미지는 추락하고 적자의 폭은 눈덩이처럼 커져갈 때였다. 낙후된 시설만큼이나 구성원들도 지쳐만 갔다. 아무런 해결방법이 없을 것만 같던 상황에 서현숙 의료원장은 '목동병원과의 통합'이라는 과감한 결단을 했다.

통합하면 망할 것이라는 우려 속에서도 비전을 제시하고 고통분담안을 제시했다. 교수와 노조의 반대에도 불구하고 고통분담안을 설득하였고 여성암의 전문화, 성과급, 진료 3부제, 주말진료 등의 혁신을 추진했다. 200억 원 이상의 적자가 날 것이라는 예상을 깨고 통합원년에 흑자를 실현했다. 2

년 차에는 사상 최대 흑자를 냈다. 그 여력으로 리모델링을 실시하여 목동병원의 이미지를 개선하였고, JCI국제인증을 통해 의료품질을 제고하였다.

여성암전문병원을 개원하여 2년 반 만에 여성암 수술건수를 전국 6위로 도약시키고, 병원 전체의 중증도를 두 배로 끌어올리는 성과를 거두었다. 여성전문 건진센터, 레이디 병동 개원, 차별화된 프로세스와 홍보 등 체계적인 전략실행의 결실이었다. 이를 토대로 서울시로부터 서남병원의 위탁을 받았고, 마곡 부지를 매입하여 새 병원(이대서울병원)의 토대를 확보했다. 이런 성과를 단기간 내에 이룬 사례는 우리나라 의료계에서 찾아보기 어렵다.

더욱 놀라운 것은 최악의 여건에서 이 같은 성과를 거뒀다는 점이다. 간섭하는 사람은 많았고 혼자서 결정할 수 있는 권한은 거의 없었다. 반대하는 세력은 많았고 후원자는 거의 없었다. 두 병원을 합산하면 적자 상황이었기에 투자할 재원도 없었다. 동대문병원이 문을 닫으니 교수를 비롯한 직원들이 목동병원으로 옮겨야 했다. 그런데 목동병원의 용적률도 이미 다 차서 추가적으로 진료시설을 늘릴 공간조차 없었다.

대학병원의 브랜드는 지속적으로 하락세였고 이대목동병원도 주민들에게 신뢰를 얻지 못하고 있었다. 조직 분위기는 험악해지고 구성원의 사기는 땅에 떨어져 있었다. 어느 것 하나 우호적이고 긍정적인 것이 없었던 사면초가의 상황이었다. 이런 열악한 상황에서 경영전문기관과 협력하여 많은 발상의 전환을 통해 약점을 강점으로, 위기를 기회로 전환시켰다. 온갖 음해와 비난에도 굴하지 않고 혁신 반대 세력을 지혜롭게 돌파했기에 획기적인 성과를 낼 수 있었다.

이화의료원 사례에서 탁월한 경영자의 특징을 두루 살펴볼 수 있다. 첫째, 동대문병원을 통합하고 새 병원 부지를 매입하여 해묵은 숙제를 풀었다. 둘째, 이대병원하면 '여성암'을 떠올릴 정도로 병원의 차별화된 브랜드를 만들었다. 셋째, 인재를 육성하기 위해 보직자를 대상으로 한 이화경영아카데미를 운영하였고, 성과관리체제와 통합정보시스템을 구축하는 등 지속성장을 위한 체질개선을 했다. 넷째, 혁신과정에서 필요한 공간을 확보하기 위해서 본인의 집무실을 지하 창고로 옮기는 등 모든 부분에서 솔선수범했다. 리더가 궂은일을 마다하지 않으면 조직은 저절로 따라오게 된다.

"배움은 질문에서 시작된다"

🔆 나 또는 우리병원 병원장은

- 병원장으로서 몇 점이라고 생각하는가?
  - ☐ 90점 이상   ☐ 89-80점   ☐ 79-70점   ☐ 70점 미만

- 다음 중 어떤 유형에 속한다고 생각하는가?
  - ☐ 호인형   ☐ 제왕형   ☐ 변덕형(우유부단형)   ☐ 전략형

- 역대 병원장 중 누구를 가장 존경하며, 그 이유는?
  _____

- 역대 병원장 중 누구를 반면교사로 생각하며, 그 이유는?
  _____

- 병원장이 되기 전에 4년 이상의 보직경험이 있는가?
  - ☐ Yes   ☐ No

- 병원장이 되기 전에 정규적인 경영교육을 받았는가?
  - ☐ Yes   ☐ No

- 임기가 몇 년인가? 연임이 가능한가?
  - ※ 최근 20년간 병원장의 평균 재임기간은 얼마인가?

- 병원장으로서 경영에 대한 어떤 보상을 받고 있는가?
  - ☐ 없다   ☐ 보직수당, 기사·비서   ☐ 경영에 대한 고정보수
  - ☐ 고정보수와 경영성과급   ☐ 기타

- 이사장 또는 이사회와 협력이 잘 되어 일관되고 신속한 의사결정이 가능한가?
  - ☐ Yes   ☐ No

같은 일을 반복하면서 다른 결과를
기대하는 것은 미친(Insane) 짓이다

『Albert Einstein』

탁월한 병원장의 전략경영

익숙한 것과의 결별

병원장의 살인적인 일정

원하던 모교의 병원장이 된 A교수. 막상 되고 보니 정신없이 바쁘다. 회의와 행사 그리고 결재의 연속이다. 월요일 아침 일찍부터 간부회의가 시작된다. 이사회, 대학관련 회의에 참석해야 한다. 보건복지부 인증, 각종 감사 등의 병원 이벤트는 물론 지자체나 주요 관공서가 주관하는 각종 행사에도 얼굴을 비춰야 한다. 병원협회 등 의료계 단체에 임원이 되었으니 거기에도 틈틈이 나가야 한다.

사회적으로 소통을 강조하는 분위기여서 점심시간을 활용하여 각 직종별로 직원들과 미팅을 가지며 그들의 목소리를 들어줘야 한다. 병원에서는 크고 작은 사건사고가 많다. 그때마다 대책회의가 열린다. 사건사고의 자세한 내막을 모르면서도 회의는 진행해야 한다. 언론에 노출되기라도 하면 병원장이 브리핑을 해야 하기 때문에 대충 지나갈 수도 없다. 웬 결재는 그렇게 많은지, 병원장실 앞에는 늘 결재 행렬이다. 병원장이 된 후 진료시간을 줄이니까 환자는 더 많이 몰린다. 노조와의 협상도 병원장이 들어가야 하고, 환자 부탁, 인사 청탁 등 다양한 민원성 전화가 몰려든다. 부탁을 들어주는 것도 힘들지만 거절하는 것은 더욱 힘든 일이다. 퇴근 후에는 또 다른 일의 시작이다. 과거보다는 줄었다고 하지만 여전히 만나야 할 사람들이 많다. 그러니 집으로 돌아가는 길은 파김치가 된다. 이쯤 되면 3년 임기 채우기가 걱정될 정도다. '내 건강을 지킬 수 있을까', '병원 발전은 가능한가', '퇴임 후 괜찮은 경영자로 기억될까' 온갖 생각이 떠오르지만 영 자신이 없다.

'성실성' 하나는 내가 최고

의사는 새로운 길을 만들기보다는 정해진 길을 실수하지 않고 꾸준히 걸어가는 데 익숙하다. 오늘 걸었던 길을 내일도 걸어야 한다. 답답해 보이지만 시간이 지나면 경험이 쌓이고 한 단계 올라선 자신을 발견할 수 있다. 아침 일찍부터 컨퍼런스를 비롯한 진료, 회진을 하며 환자를 돌보고 저녁에는 내일 회의를 준비하고 연구하는 생활에 이골이 나있다. 성실한 삶 그 자체다.

대다수 병원장은 의사 중에서도 특히 더 성실한 사람들이다. 그 성실성이 경영자가 되었다고 해서 달라지는 것이 아니다. 오히려 진료뿐만 아니라 이제는 경영을 해야 하니 더 열심히 해야겠다는 생각까지 한다. 모든 현금결제 서류에 직접 도장을 찍고 크고 작은 모든 회의에 참석하고 병원의 청결까지 챙긴다. 병원장을 부르는 대외행사에 일일이 참석하고 최하위직 인사까지 도맡아한다. 매시간 바쁘지 않으면 경영자로서 최선을 다하지 않는 것 같아 마음이 무겁다는 사람들도 있다. 그런데 이게 경영자의 바른 역할일까?

병원장은 직원의 일을 가로채선 안 된다
병원에는 매일 유사한 일을 반복해서 하는 사람이 많다. 이들은 일상에서 특별한 사고를 내지 않는 것이 중요하다. 의료정책과 경쟁병원의 전략이 어떻게 바뀔지 살필 이유도, 여유도 없다. 그런데 병원장 가운데서도 이런 사람들과 비슷하게 일하는 분이 적지 않다.

하지만 병원장은 일상적, 관리적 업무보다는 병원의 미래를 좌우하는 전략적 업무에 집중해야 한다. 관리 업무로 시간을 많이 소모한다면 제 역할을 하고 있다고 보기 어렵다. 오히려 병원에 독이 될 수 있다는 점을 늘 염두에 둬야 한다.

일상적인 일을 일반직원보다 더 잘해낸다 해도 그것보다 월등히 더 중요한 일을 할 시간을 잃어버리는 셈이다. 게다가 병원장이 시시콜콜 챙기기 시작하면 담당직원들의 사기와 주인의식은 떨어진다. 병원장이 지시하거나 결정하지 않으면 아무도 나서지 않는 병원이 된다. '성실성'은 누구에게나 필요한 덕목이지만 경영자는 '선택적 성실'이 필요하다. 성실성에만 막연히 매달리면 경영자로서 성장할 기회를 놓칠 수 있다.

병원장의 시간은 병원의 가장 귀한 재산
연임에 성공한 미국의 대통령들은 1기보다 2기의 성과가 높다는 것이 일반적인 평가이다. 클린턴과 오바마가 대표적이다. 특히 클린턴 전 대통령은 취임할 때보다 퇴임할 때 지지

율이 더 높았다. 재임하면 국정에 대한 이해도가 초임 때보다 더 높아지고 의사결정에 필요한 인사들과의 신뢰관계도 높아지기 때문일 것이다. 그런데 연임을 하면 가장 크게 바뀌는 것이 대통령의 '시간 관리'라고 한다. 참모가 대통령이 사용한 시간을 분석하여 보고한다. 대통령이 시간을 집중적으로 써야 할 업무와 그렇지 않아도 되는 것을 구분하고, 꼭 필요한 업무에만 시간을 할애하기 위해서다.

모든 경영자는 자신의 시간이 조직의 가장 큰 재산이라는 것을 명심해야 한다. 조직의 장기적 발전을 위해서 누군가는 챙겨야 하지만 아무도 신경 쓰지 않는 업무, 누군가 결정해야 하지만 다른 사람에겐 권한이 없어 결정하지 못하는 업무를 찾아내야 한다. 병원의 성장에 필요한 장기계획을 수립하고 구성원들의 공감대를 형성해야 한다. 체계적인 시스템을 만들며 우수인재를 육성하여 성장잠재력을 키워야 한다. 이와 같은 업무를 실행하는 과정에서 오케스트라의 지휘자와 같이 관련자들을 통솔하여 성과를 내야 한다. 이러한 업무를 '전략적 업무', 이와 관련된 의사결정을 '전략적 의사결정'이라고 한다. 이는 경영자만이 오롯이 할 수 있는 역할이자 책임이다.

미래의 이정표를 세워라

비전과 전략을 수립하고 공감대를 형성하라

의료계에서 만난 저자의 첫 컨설팅 고객은 연세의료원이다. 1999년 연세의료원이 새천년을 대비하는 큰 그림을 그리는 작업에 합류하게 되었다. 체계적으로 미션과 비전을 수립한 최초의 대학병원 사례라고 기억된다. 원로교수를 비롯하여 많은 교수들과 대다수의 구성원들이 기꺼이 토론과 발표, 설문과 워크숍에 참여하였다. 재벌병원의 진입으로 인한 위기감을 공유하고 미션병원으로서의 남다른 전략을 만드는 작업이었다.

'하나님의 사랑으로 인류를 질병으로부터 자유롭게 한다'는 미션을 세우고 진료, 교육, 연구, 선교 등 영역별 비전선언문과 추진전략을 만들었다. 이를 위해서 전국민을 대상으로 설문을 하고 타 병원과의 실적과 평판을 비교 분석하는 등 다양한 경영기법을 동원했다. 이런 방식의 객관적 진단은 처음이었기에 구성원들은 분석 결과에 놀라워하고 흥분하고 공감하기도 했다. 이 과정이 세브란스의 결속력을 높이고 그 후 변화를 이끄는 큰 힘이 되었다고 생각한다. 새로운 미션과 비전을 수립한 것은 이후 연세의료원의 전략 전개의 원천이 되었을 뿐 아니라 정체성을 확립하는데 크게 기여한 작업이었다. 새로운 미션에 따라 많은 변화가 있었는데 그 중 상징적인 것이 '기도 시간'이다. 환자가 거부하지 않으면 수술에 참여하는 전 의료진이 환자와 함께 기도하는 것이다. 수술은 하나님이 주관하신다는 취지다. 병원이 환자를 진심으로 위하고 정성스럽게 섬긴다는 표현이기도 하다.

서울대학교병원 사례를 보면 미션과 비전이 얼마나 중요한지 잘 알 수 있다. 당시 서울대병원의 '국민과 함께 하는 21세기 초일류병원'이라는 비전을 '대한민국 의료를 세계로 이끄는 병원'으로 바꾸고 구체적인 실행전략을 수립했다. 국내 대형병원과의 경쟁에서 벗어나 우리나라 의료의 우수성을 세계에 널리 알리고, 의료의 세계화에 앞장서겠다는 목표와 계획을 세운 것이다. 당시엔 의료관광이라는 개념조차 없었지만 국제화사업본부를 만들고 해외 오피스를 설치했다. 이런저런 시행착오가 있었지만 오래지 않아 결국 두바이 셰이크칼리파병원을 위탁경영하게 되었다. 그것도 선진국 유수병원과의 치열한 경쟁에서 얻은 값진 성과물이었다. 2006년 수립한 새 비전이 없었더라면 의료의 해외진출을 국립대병원에서 이루지 못했을 것이다.

미션과 비전은 미사여구를 모은 것이 아니다. 병원의 미래상을 설정하고, 이를 달성하기 위한 의사결정의 구체적인 지침을 수립하는 것이다. 여기엔 병원의 3년, 5년 혹은 10년 후의 모습이 그려져야 한다. 이런 미래상을 구성원들에게 명확하게 제시하여 가슴 설레게 하는 게 경영자의 가장 중요한 역할이다. 그 누구도 대신할 수 없고 오직 병원장만이 할 수 있는 일이다. 구성원 가운데 누가 병원의 미래를 고민하는가, 누가 미래를 준비할 수 있는가 생각해보면 당연히 병원장밖에 남지 않는다. 병원장이 이를 챙기지 않으면 그 병원의 미래는 밝지 않다고 해도 과언이 아니다. 그런데 아직도 체계적인 분석과 구성원의 참여를 통하여 공감할 수 있는 비전을 세우고, 또 주기적으로 점검하여 갱신하는 병원은 그리 많지 않다.

비전이 공유된 조직은 구성원의 힘을 모으기 쉽다. 하지만 비전을 수립한 뒤 갈 길은 알아서 가라고 한다면 구성원들은 갈팡질팡할 것이다. 분야별 목표를 세우고 이를 달성할 수 있는 방법도 함께 제시해야 한다. 이게 전략이다. 병원 전문화를 의료진 합의에 맡긴다면 이는 하지 말자는 것과 같다. 의료진이 모여 만든 위원회에서 전문화 영역이 결정된 경우는 거의 없다. 의료진이 전 진료과의 특성과 강점 그리고 앞으로의 전망을 알기도 어렵거니와, 안다고 해도 이해관계 때문에 실행 방안을 만들기 어렵다. 전문화 전략은 진료영역의 결정은 물론 홍보를 비롯한 브랜딩 전략, 시설과 공간 계획 그리고 서비스 혁신전략 등 실행을 위한 전략이 함께 제시되어야 한다. 그래야만 비전이 현실이 될 수 있다. 병원의 비전과 전략에 대한 더 깊은 이해를 위해서는 <엘리오 병원전략>을 참고하길 바란다.

'생존자 편향(Survivorship bias)의 오류'에서 벗어나야
제2차 세계대전 당시 복귀한 전투기를 대상으로 기체의 어느 부분을 보강할 것인지에 대한 연구가 진행되었다.

대부분의 연구원들은 많이 피격된 날개와 꼬리 부분을 보강해야 한다고 했다. 하지만 통계학자 아브라함 발트의 생각은 달랐다. 날개와 꼬리를 피격당한 전투기는 살아 돌아왔지만 그 외 부위를 피격당한 전투기는 복귀하지 못했다는 것이다. 이를 '생존자 편향의 오류'라고 한다. 그는 오히려 피격당하지 않은 부위를 보강하는 것이 생환의 확률을 높일 것이라는 답을 내놓았다.

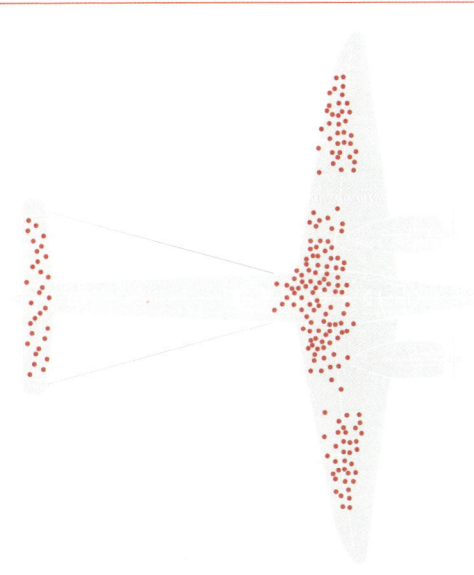

[그림 2-1] 제2차 세계대전 참전 미군 전투기의 피격 부위

평범한 사람들은 눈에 띄는 것 위주로 본다. 답도 뻔할 수밖에 없다. 보고 싶은 것을 보는 게 아니라 필요한 것을 봐야 하고 거기에 걸맞은 답을 찾아야 한다. 병원경영에 필요한 것은 이미 다 알고 있는 대안이 아닌, 숨겨진 근본 문제를 해결할 본질적인 대안이다. 병원경영에 대한 깊고 넓은 시각과 다양한 경험을 갖춘 전문가가 있어야 '생존자 편향의 오류'를 피할 수 있다.

전략의 품질은 발상의 전환이 결정

전략을 잘 만드는 것은 참으로 어려운 일이다. 병원의 전략 컨설팅을 할 때 조금이라도 새로운 방안을 제시하면, '우리가 가장 먼저 시도하는 것은 위험하다'는 반론에 부딪치기 일쑤다. 하지만 다른 병원에서 도입해 성공한 전략은 더 이상 우리의 핵심역량이 되기 어렵다. 의료계의 특성이 새로운 시도를 주저하게 만드는 측면이 있다. 검증되지 않은 치료법만큼 위험한 것이 없는 게 사실이다. 하지만 성취는 결국 도전하는 사람들의 몫이다. 병원이라고 예외가 아니다. W전문병원이 한 영역에 집중하여 특화하려고 할 때 많은 사람들이 위험하다며 반대했다. 특정분야에서 잘해도 대학병원을 이길 수 없고, 성공하지 못하면 병원이 망할 수도 있다는 이유에서다. 하지만 그 병원은 과감한 도전을 통해 해당 영역에서 최고의 자리를 점하고 있다. 저자의 경험상 병원경영에서 차별화된 전략이 뒷받침된 새로운 시도들은 대부분 성공했고, 실패한 것이 오히려 드물다.

'생존자 편향의 오류'에 빠지는 이들이 흔히 하는 말이 있다. '병원은 대부분 비슷해서 다른 전략을 만들기 어렵다'는 것이다. 하지만 실상은 정반대다. 모든 병원은 저마다 차별되는 특성이 있다. 어느 대학병원은 '주인이 없어서 되는 일이 없다'고 한다. 그런데 병원 이사장이 강력한 주인 역할을 하는 병원에서는 반대로 '주인 때문에 되는 일이 없다'고 한다. 주인이 있어도 문제, 없어도 문제라는 것이다. '대학병원은 교육과 연구를 하느라 경영에 불리하다', '대학병원이 아닌 종합병원은 대학병원에 비해 브랜드가 약해 경영성과를 내기 어렵다'고 하는 것도 눈에 들어오는 것만 본 결과다. 전략은 단편적 사고에서 나오지 않는다. 오너의 존재 여부, 대학병원 여부, 브랜드 파워의 정도 등을 두루 감안해 숨겨진 강점을 찾아내고, 약점을 강점으로 바꾸는 게 성공적인 전략이다. 아래에 엘리오가 수행한 컨설팅 사례를 일부 소개한다.

Case. 1

A중소병원은 병상가동률이 낮아 병상을 줄였다. 그런데 비용절감 차원에서 병상을 더 축소하는 것을 고려하고 있었다. 그러나 병상가동률이 떨어지면 정확한 원인을 찾고 가동률을 다시 올리는 방안부터 찾는 게 먼저다. 병상의 규모를 한 번 줄이기 시작하면 나중에 상황이 호전돼도 되돌리기가 쉽지 않다. A병원은 환자가 적었기에 외래도 여유 공간이 많았다. 병상을 줄이기보다 오히려 여유 공간을 활용한 전문화 전략을 추진했다. 여유 공간에 인테리어를 하고 뇌질환과 관련된 진료과를 모아 큰 투자도 없이 불과 4개월 만에 뇌전문병원을 개원하였다. 78%였던 병상가동률이 연말에 91%로 높아졌다. 여유 공간이 없었다면 증축하는데 투자비가 많이 들고 시간도 오래 걸렸을 것이다.

Case. 2

지방에 있는 B대학병원은 자체적으로 전문화를 추진했다. 암환자는 대부분 서울로 올라가기 때문에 중증질환을 전문화해서는 안 된다는 이유로 다른 영역을 전문화하려고 했다. 그러나 엘리오는 수도권의 주요 대학병원으로 그 지방의 암환자들이 몰리는 것은 사실이지만 이는 시장수요가 충분하다는 뜻이라고 해석했다. 게다가 그 지역에는 암과 관련한 경쟁병원이 없다는 것에 주목했다. 암을 전문화하면 충분히 성공할 수 있다는 판단이 섰다. 지역 설문과 인터뷰에서도 그 대학에 암병원이나 암센터가 생긴다면 굳이 수도권 대학병원으로 가지 않겠다는 답변이 많았다. 암은 검사와 수술, 입원에 이어 장기간에 걸쳐 정기적인 통원치료가 필요하기 때문이다. 암병원이 개설된 지 얼마 되지 않아 암병동이 다 찼고 병원의 중증도도 급격히 올라갔다.

경영이 어려운 중소병원들은 대부분 의료진 급여가 적기 때문에 좋은 의사를 구할 수 없고, 또 급여가 적어서 의사들이 열심히 하지 않는다며 고민한다. *Case. 3* C중소병원은 급여수준이 주변병원의 90%수준이고 수익은 85%정도였다. 의사들은 '저임금 저노동'이라는 표현을 쓰며 급여는 적어도 편한 맛에 이 병원에 다닌다는 말을 했다. 급기야 급여가 제 날짜에 나가지 못하는 횟수가 늘기 시작했다. 상대적으로 실적이 좋은 의료진이 병원을 떠나가면서 진료수익은 더욱 하락했다. 그런데 보수수준이 높은 병원보다 이런 병원이 오히려 의료진 인센티브 시스템을 도입하기 좋은 여건이다. 전반적인 분석을 통해 동급병원에 비해 세션이 적고, 휴가일수도 적음을 알게 되었다. 엘리오는 늘리는 세션 수에 연계하여 휴가일수도 늘려주고 급여수준을 진료과별 시장가격의 110%를 목표로 잡고, 병원의 전략지표를 인센티브와 연계시키는 안을 제안했다. 그러자 의료진의 세션수가 늘고 환자수도 늘었다. 병원 진료수익이 급상승하면서 의료진의 보상도 시장가격보다 개선되었다. C병원은 의료진을 구하기 쉬워졌고, 심지어 나갔던 우수의료진도 돌아왔다.

Case. 4

D병원의 고민은 '여성병원 이미지'가 너무 확고하다는 것이었다. 구성원들도 이를 병원성장의 위협요소라고 생각했다. 병원 전체가 고착화된 이미지를 탈피할 수 있는 전략을 필요로 했다. 그러나 여러 분석을 통해서 판단해보니 D병원의 '여성병원 이미지'는 홍보와 마케팅에 있어서 약점이 아니라 강점이었다. 그래서 여성 이미지에 부합되는 여성암전문병원을 구축하고 이를 홍보마케팅의 차별화 포인트로 활용하였다. 여성암을 지렛대 삼아 전국병원으로 도약시키는 게 목적이었기에 공항 카트와 KTX역에 여성암병원 광고를 집중하였다. 그러자 전라도와 경상도에서 여성암과 관련된 환자가 밀려들기 시작했다. 의료진은 고무되었고 병원의 성과도 단기간에 높아졌다.

발상을 바꾸면 세상이 다르게 보인다. 눈에 보이는 것에 의존해 판단하는 '생존자 편향의 오류'에서 벗어나려면 먼저 발상을 전환해야 한다. 그래야 차별화된 전략이 나온다.

발상의 전환은 어디에서 오는가?

보통 사람들은 떨어지는 사과를 아무리 많이 보고 머리를 짜내어도 새로운 법칙을 발견할 수 없다. 뉴턴이 만유인력을 발견할 수 있었던 것은 왜 사과는 아래로 떨어지는가에 대한 호기심과 해답을 찾으려는 몰입 그리고 풍부한 과학적 지식이 있었기 때문이다. 발상의 전환은 단순히 어떤 문제를 고민하다 '번뜩하는 아이디어'처럼 찾아오는 것이 아니다. 특히 경영에서 발상의 전환은 그 분야에 대한 통찰력을 갖추고 특정 상황을 바라보는 남다른 시각에서 나온다. 주인의식을 가진 경영자가 오랜 경험과 지식 그리고 다양한 정보를 토대로 고뇌하고 해법을 찾으려 몰입할 때 비로소 발상의 전환이 가능하다. 의료분야에 탁월한 지식과 경험을 갖춘 사람이 병원경영자가 되어야 하는 이유다.

의사라고 다 똑같은 의사가 아니다. 진료과도 다르고, 같은 진료과 내에서도 실력과 인품이 다르다. 의료 컨설팅 분야도 마찬가지이다. 정형외과병원이 아무리 뛰어나도 치과교정을 할 수 없는 것처럼 컨설팅 역시 해당영역에 정통한 회사를 찾아야 기대한 효과를 얻을 수 있다. 그런데 막상 경영진단을 계획하고 있는 중소병원들에서 '병원 컨설팅 경험이 많은 회사는 새로운 방안을 내놓기 어려울 수 있다'는 이상한 논리로 병원 컨설팅 경험이 거의 없는 회사를 선택하는 황당한 경우가 있다. 이는 특정질환의 수술을 많이 한 의사는 환자에 맞는 새로운 수술을 하기 어렵고, 특정질환의 수술을 거의 해보지 않았지만 다른 분야의 수술을 많이 한 의사가 새로운 눈으로 그 수술을 더 잘 할 수 있다는 논리와 같다. 말이 안 되는 얘기다.

의료와 병원경영은 복잡하고 전문적인 분야다. 이에 대한 경험이 적으면 의료 특성이 뭔지 이해하는 데만 오랜 시간이 걸린다. 그런 컨설팅회사가 4개월 내외의 프로젝트 기간에 의료계와 그 병원의 특성을 이해하고 명쾌한 분석을 거쳐 창의적인 안을 만드는 것은 현실적으로 불가능에 가깝다. 대부분 병원 구성원들이 내놓는 아이디어 수준의 방안을 모아서 정리하는 수준에 그칠 뿐이다. 개별 병원에 최적화하고 차별화된 대안을 만드는 창의력은 맨바닥에서 고민

한다고 생기는 것이 아니다. 오랜 경험을 통해 축적된 의료와 병원 관련 데이터베이스와 분석 툴, 지식과 노하우 그리고 숙성(熟成)된 고민의 결합으로 탄생하는 것이다. 특정영역에 명성 있는 전문병원이 개별 환자에 최적화된 수술을 하고 새로운 수술법을 개발해낼 수 있는 것과 같다. 오랜 기간 그 질환을 가진 환자를 많이 진료하였기에 이를 위한 첨단장비, 최적화된 시스템 그리고 의사들의 숙련도와 노하우가 쌓일 수밖에 없다. 이를 기반으로 안전한 수술, 첨단수술을 할 수 있다. 컨설팅도 이와 다를 게 없다.

시스템으로 일하게 하자

병원장의 시간을 아껴주는 시스템

어느 대형병원 병원장과 중요한 논의를 하고 있을 때다. 급한 업무라며 전화를 받으러 나가더니 곧 돌아와선 '정작 중요한 일은 보고하지 않으면서 사소한 건 일일이 전화한다'며 푸념하였다. 그에게 전자결재를 하는지 물었더니 중요한 보고사항이나 경영 지표는 기획팀을 통해서 서면보고를 받고, 말단 직원 휴가와 신문구독을 비롯한 소액도 직접 결재한다고 했다. 뭔가 잘못돼도 한참 잘못됐다는 생각에 그의 업무 일정을 살펴보니, 결재뿐 아니라 진료도 여전히 많이 하고 있었고 대내외 행사가 너무 많았다.

이 병원의 문제 가운데 하나는 병원장의 시간 낭비다. 이를 해결하기 위해 조직을 정비하여 의사결정시스템을 바꾸었다. 대내외 행사를 중요도에 따라 부원장, 행정처장이나 센터장이 병원장 대신 참석하게 하는 등 그의 시간을 아끼도록 했다. 그가 경영에 전념할 수 있도록 진료를 전혀하지 않기로 했다. 병원장에게 보고해야 하는 것과 그렇지 않은 것을 구분하고, 결재는 특성과 금액에 따라 위임전결 규정을 만들었다. 금액이 적고 반복적인 업무는 부서장이 전결하게 하니 결재의 80% 이상이 줄었다.

모바일 정보시스템을 구축하여 기획실에서 월별로 보고하던 주요지표를 어느 장소에서든 일별, 실시간으로 모니터링할 수 있도록 바꿨다. 결재를 위임하고 난 뒤 그는 남은 결재 서류를 더욱 신중하게 검토할 수 있게 되었고, 그의 판단에 따라 오프라인 또는 모바일로 선택하여 결재할 수 있게 되었다. 늘 인상 쓰며 바쁘다는 말을 달고 살았던 그는 이런 조치가 이루어진 뒤에 여유가 생겨 결재도 즐거운 마음으로 하고 중요한 일에 집중할 수 있게 되어 행복하다고 했다.

시스템을 만드는 것은 조직의 체질을 근본적으로 개선하는 것이다. 시스템이 잘 운영되면 구성원의 실수가 줄어들고, 업무 효율이 올라가고, 의사결정의 질이 좋아진다. 그러나 시스템을 구상하고 이를 현실화하는 것은 오랜 시간과 적지 않은 비용이 들어가는 작업이다. 이런 이유로 시스템 구축이나 개선에 대한 의사결정은 오너십이 있는 사람이나 병원장만이 할 수 있는 일이다.

시스템은 '부재(不在) 경영'을 가능케 한다

선진국의 대통령은 물론 세계적인 기업의 경영자들은 장기 출장이나 휴가를 자주 간다. 정부도, 대기업도 최고의사결정권자가 사무실을 지키지 않아도 잘 돌아간다는 뜻이다. 이를 '부재 경영'이라고 한다.

경영자가 늘 현장에 있어야 하고, 모든 걸 챙겨야 한다면 그 조직의 경쟁력은 취약하다고 봐도 무리가 없다. 병원 운영의 안정성을 꾀하고 경영진이 미래를 위한 전략에 집중하기 위해선 운영시스템이 잘 구축되어야 한다. 운영시스템은 업무를 할 때 지켜야 할 원칙과 절차 등을 제도화한 것과 이를 지원하는 정보시스템을 말한다.

병원에서 반드시 갖추어야 할 시스템으로 의사결정시스템,

인재육성시스템, 의료품질시스템, 성과관리시스템, 대외협력시스템, 구매관리시스템, 병원정보시스템을 꼽을 수 있다. 엘리오는 이를 '7대 운영시스템(7 Operation Systems)'으로 부른다.

[그림 2-2] 엘리오 7대 운영시스템(7 Operation Systems)

이와 관련한 자세한 사항은 <엘리오 병원전략>을 참조하기 바란다. 여기서는 이 가운데 두 가지만 강조하고자 한다. 수익성이 악화되는 상황에서 꼭 점검해야 하는 구매관리시스템과 경영자에게 최적 의사결정을 지원하는 병원경영정보시스템이다.

비용절감의 핵심, 구매관리시스템
병원이 계약을 통해 구매하는 비용은 총 비용의 최소 30%를 넘어선다. 고가의 의료장비는 물론 약, 진료재료, 소모품, 식자재, 용역 등 다양한 계약이 존재한다. 엘리오가 협력경영을 하는 어느 병원은 수익이 올랐는데도 적자의 폭이 크게 줄어들지 않았다. 유사한 규모의 다른 병원에 비해서도 구매비용이 높은 편이었다. 회사의 품목별 데이터베이스를 활용하여 단가를 비교해보니, 월등히 높은 단가에 재료를 구매하고 있다는 것을 확인할 수 있었다. 병원으로 하여금 구매업체와 재협상하고, 계약기간이 만료된 경우에는 새로운 입찰을 하게 하였다. 그 결과 과거 구매비용 대비 약 20%의 금액을 절감했고, 전체 비용으로 보면 6%이상을 절감하게 되었다.

이 병원이 6%미만의 적자를 내고 있었기에 이것만으로도 흑자로 전환되었다. 구매와 관련된 비용구조를 개선하지 않고 진료수익을 늘려 흑자전환 하려했다면 당시의 진료수익을 두 배로 늘려야 가능한 일이었다. 비용절감이 되지 않았던 이유는 구매환경이 달라졌는데도 불구하고 구매관리시스템이 제대로 작동하지 않았고, 품목별 비용 분석 없이 기존의 업체를 연속적으로 재계약했기 때문이다.

의사결정의 질을 높이는 병원경영정보시스템

경영자가 감(感)에만 의지해 의사결정을 한다면 장님이 코끼리 다리만 만지며 코끼리의 전체 생김새를 논하는 격이다. 진단을 정확하게 하려면 MRI, CT 등의 진단장비가 있어야 하듯이 경영상황을 정확히 파악하려면 정보시스템이라는 도구가 있어야 한다.

매일, 매주, 매월 진료와 관련된 주요지표의 실적변동을 실시간으로 파악하고 상승과 하락에 대한 원인분석이 가능해야 한다. 당월, 당년도 자금수지를 관리하여 중장기계획에 활용한다든지, 의료진 연봉과 인센티브 등 성과관리를 할 수 있어야 한다.

저자는 최상급 대학병원에서 발주한 진료, 연구, 교육, 인사, 자원 등 10개 시스템을 아우르는 프로젝트를 시작으로 여러 대학병원의 통합경영관리시스템을 구축한 바 있다. 경영 전반에 대한 모니터링을 모바일과 PC 등 IT기반으로 할 수 있는 시스템을 만들어 이를 '혜안(HYEAN)'으로 명명했다. 병원의 주요지표들이 통합적으로 모니터링될 뿐 아니라 의사소통, 업무요청, 전자결재를 포함한 경영 관련 토털 솔루션을 제공한다. 일정한 패턴을 벗어나는 특이사항을 알아서 판단하여 SNS 메시지로 알려주는 스마트 메시지 기능도 있다. 또한 주요지표를 개선함에 따라 연관지표와 경영성과에 미치는 영향을 파악할 수 있는 시뮬레이션 기능도 갖췄다. 요컨대 경영자의 의사결정을 돕는 핵심 도구가 병원 경영정보시스템이다. 앞으로는 경영자를 위한 경영정보 뿐만 아니라 전 직종에 걸쳐 업무의 오류를 줄이고 효율과 품질을 높일 수 있는 정보화가 급속도로 이루질 것이다.

인재를 육성하고 실행을 지휘하자

실행 속도와 완성도는 경영자 역량이 결정

경영의 과정은 계획(Plan)-실행(Do)-평가(See)로 이루어진다. 비전목표를 설정하고 전략을 수립하는 것은 계획(Plan)이다. 그러나 계획은 계획일 뿐이다. 질병을 진단하고 처방했다고 병이 낫는 게 아니듯 전략계획을 세웠다고 성과가 보장되는 건 아니다. 수술이나 시술을 받은 뒤 약을 먹고 재활하고 병이 나았는지 검진을 받아야 건강을 되찾듯, 실행(Do)과 평가(See)가 빠진 전략은 허무할 뿐이다.

전략을 실행하려면 조직을 정비하고, 업무도 분장하고, 평가와 보상도 하고, 시스템도 만들고, 추진경과도 점검해야 한다. 그 과정에서 발생하는 애로사항이나 저항 등을 구성원과 함께 극복해야 한다. 이때 필요한 게 변화관리다. 아무리

자세한 전략을 세웠어도 발생가능한 모든 현실을 예측하여 만들 수는 없다. 예측하지 못한 돌발 상황이나 상황변화가 있을 수 있다. 이에 어떻게 대처하느냐에 따라 성과는 천양지차이다. 그래서 정교한 전략 실행은 정교한 전략수립만큼이나 중요하다.

대부분의 재단 이사장이나 병원장은 변화가 두렵다. 물체의 모든 움직임에 저항이 있듯이 모든 혁신에는 저항이 따르기 마련이다. 자칫하면 의료진이나 노조의 반발에 직면하게 된다. 하지만 저항의 강도 때문에 실행을 못하는 것은 아니다. 그보다 더 큰 이유는 실행방안에 대한 확신이 없고 경영자가 비난을 이겨낼 자신이 없기 때문이다. 그래서 전략의 성패는 경영자의 역량과 의지에 달려있다고 해도 과언이 아니다. 탁월한 경영자는 전략 실행과정에서 쏟아지는 비난을 기꺼운 마음으로 감내해야 한다. 하지만 혼자 힘으로 할 수 있는 일은 많지 않다. 자신의 팀을 구축하고 그들의 역량을 결집시켜야 한다. 우수인재의 육성과 충원은 실행지휘를 잘하기 위해서도, 미래의 성장잠재력을 높이기 위해서도 반드시 필요한 일이다.

실행 속도는 공감대와 비례한다

어느 병원의 재정 상태를 들여다보니 매우 어려운 상황이었다. 컨설팅을 시작하면서 병원의 5년 후가 어떻게 될 것이냐고 설문했더니 긍정적인 대답은 11%밖에 되지 않았다. 열 명 중 한 사람이다. 그런데 두 달 남짓한 기간 동안 함께 비전과 전략을 수립하고 최종보고를 마친 뒤에는 긍정적인 대답이 82%로 올랐다.

그새 이 병원의 객관적인 여건은 달라지지 않았다. 비슷한 상황에 처한 두 병원이 있는데 병원 구성원의 열 명 중 한 사람이 잘 될 것이라는 병원과 열 명 중 여덟 사람이 잘 될 것이라는 병원 중 어느 병원이 발전할지는 두 말이 필요없다. 실제로 이 병원은 컨설팅 이후 제시된 전략에 대한 구성원의 호응이 매우 높았기에 신속히 전략을 실행할 수 있었다. 구성원들이 비전에 공감하고, 전략에 대한 이해도가 높을 때 경영진이 실행하기가 얼마나 수월한지를 보여준 대표적인 사례였다. 그 병원은 컨설팅 직후부터 최고 실적을 이어가며 경영 상황을 호전시켜 나갔다.

전략가에겐 실행의 디테일이 있다

어느 의료원에서 전문화를 추진하여 성과가 올라오고 있었다. 그럼에도 A의료원장은 성에 차지 않았다. '수술건수 전국 5위 내 진입'이라는 새 목표를 세우고 이른바 '스타닥터'를 영입하기로 했다. 이럴 경우 대부분 내부 갈등이 일어난다. 동일한 진료영역의 의사들이 영입된 의사의 높은 처우에 반발한다. 그래서 시술방식이나 태도 등 괜한 트집을 잡기도 한다. 이런 사정을 미리 내다본 A의료원장은 좋은 방안을 생각해냈다.

먼저 아는 사람을 통해 스타닥터가 마음 편하게 조건을 협의할 수 있게 배려했다. 영입을 내심 확정한 후 동일 진료과인 B교수를 불렀다. "혼자 힘으로 순위를 올릴 수 있느냐", "내가 도와줄 게 없느냐"고 물어 그에게서 "의료진이 더 필요하다"는 의견을 이끌어내었다. 누구를 영입할 것이냐는 문제도 상의했다. A원장이 염두에 둔 스타닥터도 여러 의사의 이름과 함께 자연스럽게 거론됐는데 B교수가 경계심을 보였다. 의료원장은 "스타닥터는 연세가 많아 곧 정년을 하게 된다. B교수가 언젠가는 이 병원의 병원장을 하게 될 것 아니냐"고 안심시켰다. 그러자 B교수는 자기가 나서 그분을 직접 모시고 오겠다고 했다. 결과적으로 스타닥터는 B교수가 영입하는 모양새를 갖추게 됐다. A원장이 원하던 그림이었다. 자신의 분야에 해당하는 B교수가 명의를 직접 모셔왔기에 주변의 누구도 반발하지 않았고, 타 의료진과의 협조가 잘 이루어져 조기에 큰 성과를 낼 수 있었다.

용어는 비슷해도 세부내용은 다르다
병원들의 비전과 전략과제가 모두 비슷해 보일 수 있다. 병원이 수행하고 있는 기능과 사업들이 유사하기에 목표나 전략과제명은 비슷할 수밖에 없다. 그렇다고 해서 실행전략이 같은 것은 결코 아니다. 병원마다 환경과 역량, 당면한 문제와 그 원인이 모두 다르고, 목표도 다르기 때문에 구체적인 실행전략 역시 당연히 달라야 한다.

예를 들면 전문화라는 전략과제도 전문화할 분야가 다를 수 있고 분야가 같다고 해도 의료진, 세부 진료 분야, 장비나 시설, 프로세스와 서비스, 홍보 등에서 차별화 방안이 각자 다를 것이다. 수험생의 공부 과목이 같을 수 있지만, 학생에 따라 각 과목별로 수준이 다르고 세부분야 중 취약한 부분이

다른 것과 같다. 수험생마다 자신만의 공부법이 필요하듯 실행전략도 병원 상황에 맞는 맞춤형이 요구되는 것이다. 실행전략은 되도록 구체화해야 한다. 실행에 옮길 주요 내용과 일정, 유의사항, 예산, 담당자 등은 당연히 제시되어야 한다.

하지만 모든 전략과제를 사용설명서와 같이 상세하게 할 수는 없다. 경영은 수술보다 예외사항이나 돌발변수, 상황변화가 잦기 때문이다. 경험자가 아니면 어떤 순서로 무엇부터 해야 하는지, 무엇을 준비해야 하는지도 판단이 서지 않아 당혹스러운 사태에 직면한다. 때로는 대외 여건이 바뀌기도 하고, 예상하지 못한 상대가 반발하고, 또 그들이 담합을 해서 전략실행을 방해하기도 한다. 이런 상황에서 경영자는 상황에 맞게 전략을 수정하고, 반대 세력을 설득하거나 타협하고, 일시적으로 물러서거나 끝까지 밀어 붙이기도 해야 한다. 이는 전략이라기보다는 실행과정에서 일어나는 전술과 협상 수준의 디테일이다. 이를 소홀히 하면 자칫 전략이 무력화될 수도 있다.

우수인재의 육성과 확보는 장기적 투자다

전략을 수립하고 실행할 우수인재가 적은 것이 병원장의 현실적인 고민이다. 사람을 키우지 않은 전임자들의 탓일 수도 있다. 그러나 늦었다고 손 놓을 일이 아니다. 먼저 병원에 있는 우수인재를 찾아내고 적재적소에 배치해야 한다. 이들은 개인의 성과를 '너무나 공평하게' 취급하는 분위기에 억눌려 있다. 그러면서도 병원장이 자신들을 우대하고 특별한 권한을 주는 것도 두려워한다. 병원장의 임기 후에 자신은 '왕따'가 될 가능성이 크다는 것을 경험을 통해 알기 때문이다.

대부분 병원의 조직 분위기는 튀는 것을 반기지 않는다. 병원에서 누가 새로운 아이디어를 제시하면 '그것 좋은 아이디어'라고 말하는 사람이 드물다. 반면 '과거에 다 해봤던 거야', '그게 되겠어', '그걸 할 돈이 어디 있어', '말도 안 돼' 같은 반응이 더 많이 나온다. '튀는 사람', '파격적인 아이디어'를 찍어 누르는 병원 분위기를 그대로 두면 조직 곳곳에 숨어 있는 우수인재들을 발굴하기는 어렵게 된다. 숨 죽여 사는 햄릿 구성원들을 도전과 실패를 거듭해도 끊임없이 앞으로 나아가려는 돈키호테로 변모시키는 것도 경영자의 책무 가운데 하나다. 병원장이 바뀌면 왕따가 되는 게 아니라 누가 새 병원장으로 오든 인재는 언제나 우대받는다는 믿음이 병원의 조직 문화로 뿌리내리도록 해야 한다. 이와 아울러 외부에서 우수인재를 채용하려는 시도도 같이 해야 한다.

요즘 병원장 중에는 인재 육성의 중요성을 잘 아는 사람이 늘고 있다. 어떤 대학병원은 인재를 육성하기 위해 경영아카데미 프로그램의 설계와 운영을 의뢰했다. 이론적으로 교육하는 강사 말고, 병원 컨설팅경험이 많은 임원들이 직접 강의를 해주면 좋겠다는 요청이었다. 모든 과목을 병원에 초점을 맞추고 컨설팅했던 경험을 바탕으로 국내외 사례 위주로 강의를 했다. 어떤 과목은 그 병원의 문제점을 분석한 결과로 심층토론을 하기도 했다. 병원 경영전략, 병원 리더십, 병원 인사조직, 병원 재무와 원가, 의료진 성과급, 병원 건축, 병원 프로세스 혁신, CP(Clinical Pathway)와 진료패턴, 병원의 수익성 제고, 서비스 혁신 등의 주제로 프로그램을 구성했다. 3개월 동안 병원에 마련된 강의장에서 주 1회 강의와 질의·응답 시간을 가졌다. 그리고 1박 2일의 워크숍과 수료회를 끝으로 마무리했다.

임상과장 이상 보직자들이 참석하였는데, 매주 높은 참석률을 보였고 열띤 토론이 이루어졌다. 주 1회 강의 후에는 그들 스스로 모여 소그룹 토의도 했고 때로는 무선투표 클리커(Clicker)를 이용하여 즉석 의견수렴도 했다. 강의의 횟수가 많아질수록 분위기도 좋아지고 임상과장 이상의 보직자 간 소통이 원활하게 이루어졌으며 신뢰감이 형성되었다. 의료원장은 경영아카데미가 지식만 준 것이 아니라 팀워크를 함께 가져다주어서 너무 고맙다고 했다. 의료진 과정이 끝난 뒤에는 일반직 보직자를 대상으로 하는 아카데미를 연이어 운영하였다. 이런 소식이 알려지면서 대학병원은 물론 중소병원, 지방의료원 등에서도 아카데미를 운영하는 곳이 늘어나고 있다. 인재육성을 위해 별다른 노력을 하지 않으면서 병원에 쓸 만한 인재가 없다고 탓하는 것은 아닌지 돌아보아야 한다.

실행을 함께하는 협력경영(Consolving™)

실행이 안 되면 누구 탓?

막대한 재원이 들어서 신중한 결정이 필요하거나 구성원 간의 이견이 큰 경우, 객관적이고 전문성 있는 분석을 위한 컨설팅을 한다. 어떤 장비를 도입할까 말까, 분원을 세울까 말까 등의 타당성을 확인하는 목적이다. 이런 프로젝트는 설득력 있는 결론 자체가 결과물이고 성과다. 그런데 컨설팅을 한 뒤 구성원들이 별 효과가 없다고 말하는 경우가 있다. 그렇게 느끼는 것은 제안한 내용이 잘 실행이 되지 않았기 때문일 것이다.

전략계획수립(Strategic Planning)과 같이 대부분의 컨설팅은 특정 목적을 위한 '계획(Plan)'을 짜는 작업이다. 그래서 컨설팅 보고서라는 결과물을 제출하는 것으로 프로젝트가 끝나게 된다. 그 후 실행은 병원의 몫이다. 그런데 실행을 해보지도 않고 컨설팅의 효과를 논하는 사람들이 있다. 설계가 완료되었다고 건축물이 바로 세워지는 것도 아니고 건강검진을 했다고 병이 낫는 것도 아니다. 시공을 해야 건축물이 생기고, 수술하고 약 먹고 재활해야 건강이 회복되는 것이다. 마찬가지로 컨설팅을 받아 계획을 제대로 수립해도 실행해야만 성과가 나온다. 하지만 대학병원조차도 막상 실행하려면 전문 인력과 경험 부족, 구성원의 반발 등 다양한 장애에 부딪혀 성과를 내지 못하는 경우가 많다.

기업에서도 컨설팅 보고서를 받고 난 뒤 내부적으로 이를 실행하지 못하는 경우가 적지 않다. 그래서 프로젝트를 수행한 컨설팅회사와 PMO(Project Management Office) 계약을 체결해 프로젝트 책임자가 기업에 상주하여 실행을 지원한다. 심지어 프로젝트 책임자에게 의사결정권한을 주는 기업도 있다. 이런 흐름이 병원으로도 이어져 이제는 대학병원들 중에도 계획수립 후 실행지원을 위한 별도의 계약을 하는 경우가 늘어나고 있다.

병원경영의 새로운 모델, Consolving™

중소병원은 한 번의 컨설팅 비용도 부담스러운 경우가 대부분이다. 그런데 큰 마음 먹고 컨설팅을 받은 후에도 실행을 하려면 여러 난관에 부딪힌다. 전략을 잘 짜는 것도 어렵지만 실행경험이 없는 사람이 전략에 맞춰 실행을 잘 하는 것은 더욱 어렵다.

심장수술을 해보지 않은 사람에게 심장수술 하는 법을 보고서로 쓰고 설명을 해주었다고 하자. 경험 없는 의사가 수술을 잘할 수 있을까? 대부분 병원에서는 행정인력이 부족하여 전략을 구사하기는커녕 현업의 업무를 처리하는 것만으로도 힘에 부치는 게 현실이다. 이런 여건에서는 전략 실행 과정에서 상황이 바뀔 경우 수립된 전략을 수정·보완할 수 있는 역량을 가진 직원을 찾기란 더욱 어렵다.

컨설턴트가 통계와 논리, 분석 결과로 설명하면 경영진은 물론 의료진도 당시에는 동의를 하지만, 컨설팅이 끝난 뒤 실행하려고 하면 구성원이 반발하곤 한다. 경영진이 이를 혼자 힘으로 극복하기 어려울 때가 많다. 경영진 스스로도 이런저런 돌발 상황이 나오면 자신감을 잃어버리게 된다.

이와 같이 전략계획을 잘 수립해도 제대로 실행하기란 쉽지 않다. 재정이 풍부하다면 대학병원처럼 전문기관과 주요 과제별 전략실행을 위한 개별 프로젝트를 맡기겠지만 대부분의 중소병원들은 그럴 여력이 없다.

이런 한계에 직면한 한 중소병원에서 전략계획 수립과 실행을 함께 했으면 좋겠다는 요청을 저자에게 해왔다. 그 병원과 컨설팅의 결과를 공동 실행할 수 있는 모델을 구축하고, 장기계약을 통해서 계획과 실행을 같이 하는 구체적인 방식을 협의해 엘리오의 '협력경영' 모델을 도출했다.

협력경영의 계약기간은 3년, 5년 단위로 하고, 업무범위는 비전전략수립에서부터 수익증가와 비용절감, 운영시스템의 구축과 강화, 브랜드파워 제고, 성장잠재력 확대 등 경영전반을 아우르는 영역으로 한다. 대학병원으로 보면 비전전략, 공간재배치, 성과관리체제, 인사제도 혁신, 프로세스 혁신, 교육 프로그램 운영, 장비와 소모품 등 전략적 구매, 홍보전략 수립과 실행, 통합경영관리시스템 구축·운영 등 10여 개의 프로젝트가 포함된 셈이다.

협력경영의 첫 3개월은 전략수립을 위한 집중기간으로써 3년, 5년 간 수행할 주요업무와 전략을 설계한다. 그 이후는 수행해야 할 실행전략의 우선순위를 결정하고, 단계별로 세부계획을 수립하며 실행을 함께 하게 된다. 전략, 전문화, 브랜드, 성과관리, 진료패턴, 검진, 콜센터, 구매, 회계, 정보화, 건축 등 분야별로 평균 17년 정도의 경험을 가진 엘리오의 전문가들이 실행과제의 특성에 맞춰 투입된다. 엘리오는 이 같은 협력경영을 컨솔빙(Consolving™)으로 명명했다. 컨설팅(Consulting)이 함께 논의하여 진단하고 대안을 찾는 것이라면 컨솔빙은 함께 찾은 진단에 대한 대안 실행까지 함께 하는 것이다.

엘리오는 지난 10여년간 컨솔빙 경험을 축적했다. 성과는 매우 드라마틱했다. 부도 직전의 병원, 매출이 급감한 병원을 되살려내 그 지역에서 최고의 병원, 가장 신뢰받는 병원으로 전환시켰고, 동일 진료권에 명성 있는 전문병원 3개가 동시에 개원하여 위기에 처한 병원도 그 지역의 대표적 전문병원으로 재도약하게 되었다. 인구가 줄어드는 농촌지역에서 만성적자를 보던 시골병원도 수술 잘하는 병원으로 거듭나 재투자를 할 만큼 여력이 있는 병원이 되었다.

"배움은 질문에서 시작된다"

🔍 나 또는 우리병원 병원장은

- 각 영역에 몇 %의 시간을 사용하는가?
  경영 : 진료 : 기타(연구, 교육 등) = [   ]:[   ]:[   ] = 100%

- 각 성격의 의사결정에 몇 %의 시간을 사용하는가?
  전략적 : 관리적 : 업무적 = [   ]:[   ]:[   ] = 100%

- 전체 결재 중 직접 결재하는 비중이 몇 %인가?
  = (전체 – 위임전결규정을 통해 전결되는 비중)

- 매년 비전과 비전목표를 설정하여 구성원에게 공유하는가?
  ☐ Yes   ☐ No

- 발상의 전환을 통해 차별화된 전략을 구사하고 있는가?
  ☐ Yes   ☐ No

- 병원의 체질 개선을 위한 시스템을 구축하였는가?
  ☐ Yes   ☐ No

- 장기계획에 따라 우수인재나 승계자를 육성하고 있는가?
  ☐ Yes   ☐ No

- 병원장이 되고 난 뒤 가장 자랑할 만한 성과는 무엇인가?

자신의 지혜를 버려야 더욱 총명해질 수 있다

『한비자(韓非子)』

3
탁월한 병원장의 특징과 노하우

'터널 시야'를 극복한 병원장

터널 시야(Tunnel Perspective)

저자는 이사장, 의료원장, 병원장, 기획관리실장 등 병원의 경영자뿐만 아니라 대기업의 경영자, 장관, 차관, 청와대 수석 등 여러 분야의 최고의사결정권자와 함께 일할 기회가 있었다. 병원, 기업, 공공부문의 경영자는 추구하는 바가 조금씩 다르다. 정부나 공공부문은 수익성보다는 설립목적인 공공성에 중점을 둔다. 정부 정책이나 규정을 준수하고, 사고가 나지 않도록 하는 게 매우 중요하다. 기업 경영자는 경쟁기업을 이기고 이익을 창출하여 생존과 번영을 이루어내야 한다. 그렇기에 수익성과 효율성이 기준이 되어야 하고 어떠한 장애도 극복해야 한다. 병원장은 기업 경영자와 공공부문 경영자의 중간지대에 서 있다. 병원, 특히 사립병원은 공익과 관련된 각종규제를 준수하여야 하는 면에서는 공공부문에 가깝고, 의료서비스를 통해 이익과 장기적인 성장발전을 이루어야 하는 것은 기업에 가깝다. 적자가 난다고 정부에서 재정지원을 해주는 것이 아니기 때문이다. 병원장은 명분도 지켜야 하고 이익도 내어야 하는 어려운 처지에 있다.

기업에서 경영을 맡은 사람들은 성장과정에서 경영교육을 받고, 격렬한 승진 전쟁 속에서 조직을 관리하며 경영을 몸으로 익히게 된다. 그중에 탁월한 성과를 내거나 조직 관리를 잘한 이가 사장이 된다. 이들은 사장이란 자리가 명예보다는 성과를 내야 하는 자리라는 것을 경험으로 체득한 사람들이다. 성장과정에서 경쟁하며 억울한 일을 많이 겪고 극복했기에 사장이 되어 웬만한 악조건에 부딪혀도 남이나 여건 탓으로 돌리기보다는 자신을 돌아보고 어떻게든 일을 진척시켜 나가려는 용기를 가지고 있다. 아는 것이 많아도 자만하지 않고 다른 사람의 지혜를 널리 구한다.

하지만 병원장은 경영교육을 받은 적이 거의 없고 보직을 위한 경쟁 경험도 드물다. 조직관리 경험도 빈약한 편이다. 병원장이 되기 전 의사 시절에는 자신의 소신대로 진료하면 되었고, 진료과장이나 주임교수로 일할 때는 상명하복의 병원 분위기상 남의 비판을 받는 일이 드물었을 것이다. '비판 받는 훈련'을 통해 비판에 대한 '맷집'을 키울 기회가 적고 다양한 시각을 접하기도 어렵다. 그래서 이 분들은 주변의 평판, 특히 비난에 민감하기도 하고 자기확신과 자신감 그리고 자기주장이 강해 시야가 좁은 경향이 있다. 이를 미국에서는 '터널 시야(Tunnel Perspective)'라고 말한다.

터널 시야에서 파생되는 나쁜 습관들은 병원경영에 막대한 지장을 초래한다. 이는 병원장뿐만 아니라 의사 등 누구에게도 도움이 되지 않는다. 터널 시야를 극복하려면 무엇보다 의과대학의 노력이 필요하다. 저자는 경영교육을 필수로 이수하게 하는 것이 하나의 방법이라고 본다. 의대생 대다수가 개원하거나 개원가의 봉직의가 되는 것이 현실이다. 개원에 필수적인 재무·회계나 인사 등에 대한 기초지식조차 알려주지 않는 것은 의과대학의 직무유기가 아닌가 한다. 개원가의 의사들이 기초적인 경영지식이 없어 불필요한 마음고생이나 시행착오를 겪는 상황을 너무도 많이 보았기 때문이다.

병원장은 참으로 귀한 자리

의사들은 성장과정에서 경영자로서의 역할에 대한 인식을 할 기회가 적다. 그러니 병원장을 병원의 최고수장으로서 명예로운 자리로만 받아들이는 경향이 있고 병원장이라는 직책에 대한 인식이 정립되지 않은 경우가 다반사다. 병원의 엄청난 변화와 성과를 견인할 수 있고, 또 이루어내야 하는 책임이 있는 특별한 자리로 인식하지 않는 것이다.

우리나라는 경제기적을 이루었다. 하지만 전직 대통령과 대기업 총수 등 경제기적을 이끈 지도자들에 대한 평가는 인색한 편이다. 근면성실하고 잘 교육된 국민이 경제기적의 주역으로 일컬어진다. 하지만 그것이 필요충분조건일 순 없다. 앞장선 리더들의 역할이 없었다면 이루지 못했을 역사였다. 우리나라에서는 장(長)이었던 사람들에게 특히 가혹하다. 그들의 공(功)을 폄훼하고 과(過)를 찾아내는 것이 똑똑한 사람인양 치부되는 경향이 있다. 퇴임 후 좋은 평가를 받는 병원장을 찾기 어려운 이유 중 하나다.

그저 평범한 사람이 병원장이 되는 경우는 없다. 어떠한 선임절차를 거쳤더라도 병원장이 된 분들은 모두 남다른 장점을 가진 분들이다. 운과 인맥 때문에 병원장이 된 분들이라고 해도 예외가 아니었다. 한결 같은 공통점이 있다. 모두 열정적이고 성실하며 체력이 좋은 것은 기본이다. 호기심이 많고 학습력이 좋고 승부욕이 강하다. 유머 감각이 있거나 입담이 좋고 골프 등 스포츠나 음주가무에도 재능이 탁월한 분이 대부분이다. 병원장이 된 후에도 정도의 차이는 있을지언정 대부분의 병원장은 자신만의 방식으로 혼신의 힘을 다한다.

병원장이라는 자리는 참으로 귀한 자리다. 그가 어떻게 하느냐에 따라 병원의 미래, 환자의 만족, 병원의 분위기, 구성원의 행복에 큰 영향을 줄 수 있다. 하지만 일부 병원장은 책임을 다하지 않는 정치인은 탓하면서 정작 자신들도 그들과 비슷한 행태를 보이곤 한다. 정치인은 국가를 부강하게 하고 정의롭고 공정한 사회를 만들어 국민을 행복하게 해야 한다. 마찬가지로 병원장도 병원의 경쟁력을 높이고 정의와 공정이 숨 쉬는 조직을 만들어 구성원과 환자를 행복하게 할 책무가 있다. 오너가 아닌 병원장은 권한이 적다고 하지만 병원 내에서 대통령 못지않은 역할을 할 수 있다. 병원의 밝은 미래를 준비할 수 있다. 어려운 환경에서 일하거나 소외된 직원의 처우를 개선할 수 있다. 불공정한 대우로 인해 억울한 구성원이 안 생기게도 할 수 있다. 헌신하는 사람에게 보답해 그를 감동시킬 수도 있고, 구성원과 환자를 웃게 할 수 있다. 이런 보람 있는 일을 모두 할 수 있는 자리는 오직 '병원장 뿐'이다.

그렇기에 귀하고 귀한 자리이다. 병원장의 자리를 그냥 명예직으로 알고 시간을 흘려보내는 병원장과 자리의 귀함을 절감하고 시간을 쪼개어 쓰는 병원장은 완전히 다른 자리에 앉아있는 것이다. 병원의 역사에 성공적인 병원장으로 남는 이들은 후자의 병원장들이다. 이들은 자신의 장점을 잘 활용하고 약점을 커버하는 데 열성을 기울여 터널 시야와 같은 성장과정의 한계를 극복한 분들이다. 이들이야말로 명실상부한 경영의 명의(名醫)다. 그들에겐 다음과 같은 4가지 특징이 있다.

특징 1.
병원장이 된 이유에 집중한다

병원장이 되었으니 만족한다?

어느 병원장은 시골의 어려운 가정에서 태어나 의과대학에 들어오기 전까지 경제적으로 고달픈 생활을 했다. 워낙 부지런하고 낙관적인 성격 덕분에 의대를 무사히 졸업하고 모교 교수를 거쳐 마침내 병원장이 될 수 있었다. 병원장이 되니 '더 이상 욕심이 없다'는 생각이 들었다. 무탈하게 임기를 보내고 교실로 돌아가 후학을 양성하며 지내는 게 목표다. 그러니 뭐든 무리하는 법이 없다. 비난의 여지가 조금이라도 있는 일은 벌이지 않았지만, 티가 나지 않게 조심하면서 자신의 진료과에 유리한 의사결정은 했다. 그의 의도대로 임기를 무난하게 마쳤지만 병원의 위상은 그의 취임 전보다 더 떨어졌다.

이처럼 적지 않은 병원장들이 부지불식간에 무탈하게 임기를 보내는 것을 현실적 목표로 삼고 있다. 이런 자세로 임기를 시작한다면 그 결말은 자명하다. 취임하여 축하인사를 받고 병원상황을 파악하면 6개월이 지나고, 여러 사건사고에 휩쓸리다보면 임기 중반을 지난다. 실적이 없다는 비판의 목소리 때문에 뭔가 일을 벌이려고 해도 이미 레임덕이 와서 추진하기 어려운 상황이 된다. 재임만 되면 제대로 해볼 텐데 하는 아쉬움이 생기지만 이미 늦었다. 임기를 마친 뒤 남는 것은 회식으로 불어난 배와 비판에 대한 맷집이다.

세브란스병원의 김효규 의료원장, 서울아산병원의 민병철 의료원장, 삼성서울병원의 하권익 병원장, 서울대병원의 박용현 병원장, 이화의료원의 서현숙 의료원장, 분당서울대병원의 정진엽 병원장(나이 순) 등 존경받는 경영자들은 재임한 지 오랜 시간이 지났지만 지금도 그 이름이 회자된다. 병원 역사에 큰 발자취를 남겼기 때문이다.

비단 이분들이 아니더라도 병원장 대부분은 젊은 시절에 장차 병원장이 되어 훌륭한 일을 해보겠다는 초심을 가졌던 적이 있었을 것이다. 더 나은 병원 만들기, 고질적인 문화적 병폐와 문제점 고치기, 세계적인 연구성과와 실용화를 통한 수익모델 창출, 새로운 진료문화의 정착 등등. 그러나 현실에 안주하는 '무탈주의자' 병원장의 머릿속엔 이런 초심이 희미해져 있다. 이럴 땐 이임사를 떠올려보라. 이임사를 할 날은 금방 다가온다. 임기가 끝난 뒤 자랑하고 싶은 업적을 미리 상정해 병원장에 취임하면서 가상의 이임사를 미리 작성해 두는 것도 방법이다. 이임사 첫 줄을 "여러분 덕분에 큰 문제없이 임기를 마치게 되어"라고 시작하지 말아야 한다. 겸손의 표현 같아 보이지만 실상은 도전적이지 않았다는 것을 의미한다. 이임사에서 자신의 임기를 돌아보며 역동적인 순간들을 말할 수 있어야 한다. 때때로 힘들고 좌절했던 시간 뒤에 찾아온 성취로 인한 보람과 감사의 감정이 이임사에 묻어나야 한다.

해묵은 숙제를 풀고 성장잠재력을 키워야

'그분은 경영성과는 낮지만 인품 하나는 참 높은 분이었어.'
'그분은 인품은 아쉬울지언정 경영성과는 정말 탁월했지.'

병원장을 그만 둔 후 어떤 평가를 받고 싶은가? 경영자라면 두 번째 문장을 주저 없이 택할 수 있어야 한다. 그런데 그런 이들도 경영성과를 투입중심으로 생각하는 경향이 있다. 예를 들면 시설개선과 장비도입 같은 것이다. 그러나 이는 성과를 내기 위한 과정이지 그 자체를 경영성과로 볼 수 없다. 경영성과는 일단 재무성과다. 모 국립대병원의 C병원장은 만성적자 구조를 재임 3년 만에 흑자로 전환시켜 재무유동성을 확보하고 투자여력을 만들었다. 사립대병원의 H의료원장은 누적적자로 생존이 어려운 분원을 본원에 성공적으로 통합했다.

두 사람 모두 병원의 해묵은 숙제를 해결했다. 거기에 덧붙여 더 훌륭한 성과는 지속가능한 발전을 위한 역량을 제고하는 것이다. 진료의 전문화나 탁월한 연구성과 혹은 혁신적인 시도를 통하여 병원의 위상을 높이거나 환자들의 평판을 높이는 것이다. 의료계에서 혁신적인 병원으로 회자되는 병원들은 구성원들의 자부심이 매우 높고 병원 분위기도 좋다. 소위 일하고 싶은 병원, 존경받는 병원, 자랑스러운 병원이다.

병원은 질병 치료를 통해 사회에 기여하므로 어떤 의미에서는 공적인 기관이다. 또한 대규모 구성원들로 이루어진 삶의 터전이다. 병원의 경쟁력은 바로 그 사회의 '건강 바로미터'다. 그래서 탁월한 경영자는 임기 중에 성과 향상은 물론 병원이 오랫동안 건강하게 유지될 수 있는 시스템을 구축하는 근본적인 시도를 해야 한다. 시스템은 지속적인 자기혁신을 가능하게 하는 장기적인 성장의 엔진이다. 퇴임 이후 자신의 빈자리를 더욱 알차게 채워줄 후계자군(群)을 육성하는 것도 시스템이 뒷받침되어야 한다. 그래야 경영자의 퇴진과 무관하게 병원은 건강한 생명력을 유지하게 된다. 성과관리체계라든지, 일반직의 인사제도 개선과 인재육성 시스템, 통합경영시스템 구축 등 병원의 전략에 적합한 선진 시스템 구축이 필요한 것은 이런 이유에서다.

상상하고, 복기(復碁)하라

경영을 잘하기 위해서는 의사가 되기 위해 요구되었던 시간과 노력 못지않은 투자를 각오해야 한다. 경영과 관련된 강의도 자주 듣고, 자신의 철학에 맞는 경영서적을 많이 읽어야 한다. 이론으로 무장되어도 임상경험 없이는 훌륭한 의사가 될 수 없듯이, 경영학을 이론으로 배웠다고 훌륭한 경영자가 되는 것은 아니다. 이론으로 배우고, 실무에 적용하여 자신의 것으로 소화하여야 한다.

경영을 잘하기 위해서는 열심히 하는 것 못지않게 다양한 문제에 직면했을 때 전문적이고 창의적인 해법을 궁리해 창출해내는 것이 중요하다. 그래서 주요한 경영 테마에 대한 원칙을 생각하고, 이 원칙을 현실에서 어떻게 적용할 수 있을지 등을 고민해야 한다. 즉, 도상훈련(Simulation)을 해야 한다. 나폴레옹은 그런 재미를 잘 알고 있었던 것 같다. 그는 "사람들은 나를 천재라고 한다. 하지만 나는 천재가 아니다. 다만 일어날 일을 미리 생각해두었다가 상황이 되면 생각해둔 대로 신속하게 결정했을 뿐이다"라고 말했다. 아마 나폴레옹은 일어날 상황을 예측하고 시뮬레이션하는 연습을 통해 역량을 길렀을 것이다.

근육을 키우기 위해서는 매일 웨이트 트레이닝을 해야 하듯이, 생각하는 역량을 키우기 위해서는 매일 생각하는 시간을 가져야 한다. 진료할 때 선행해야 하는 것이 치료계획이듯이 경영문제에 부딪혔을 때도 해결계획, 즉 전략을 세우는 것이 중요하다. 물론 예상대로 될 수도 있고 그렇지 않을 수도 있다. 전략이 예상대로 맞아떨어진 것을 한번이라도 경험한 경영자들은 이루 말할 수 없는 그때의 쾌감을 잊지 못한다.

추진한 사업의 성과에 따라 만족할 때도, 화가 날 때도 있다. 하지만 이것이 끝이 되면 안 된다. 준비 부족이 있었다면 구체적으로 무엇이 부족했고, 또 돌발상황에서 잘못 대처한 게 있다면 그 원인이 무엇인지를 철저히 점검해야 한다. 한번 치른 실전경험을 통해서 병원경영에 대한 감각을 익혀야 한다. 자신이 내린 주요 결정을 돌아보고 더 잘할 수 있었던 방법이 무엇인지 생각하고, 유사한 경우가 오면 이를 응용할 수 있어야 한다.

훌륭한 병원장은 실수를 하지 않는 것이 아니라 동일한 실수를 반복하지 않는 사람이다. 바둑의 '복기(復碁)'는 바둑을 다 둔 뒤에 바둑의 판국을 비평하기 위하여 처음부터 똑같이 놓아보는 것이다. 아마추어들은 자신이 어떤 의도로 돌을 놓았는지 모르기 때문에 복기가 불가능하다. 하지만 프로들은 기보(碁譜)를 보지 않고도 복기를 하고, 복기를 하면서 다른 방식으로 두었다면 어떤 결과를 초래하였을지 분석한다. 바둑 기사가 이 과정을 통해 진정한 프로가 되듯이 병원장도 지속적인 복기를 통해 탁월한 경영자로 거듭날 수 있다.

특징 2.
비난에 의연하다

지휘하려면 청중에게 등을 돌려야 한다

어느 국립대병원 분원은 흑자를 내면서도 크게 성장하지는 못했다. 당시 병원장은 그런 상황을 답답해하면서 도전적인 전략을 기획했다. 병원 내 전문병원 건립, 매출액보다 더 높은 가격의 부지 매입을 추진했다. "병원이 잘되고 있는데 고생을 왜 사서 하나", "무리하게 하다가 큰 일 난다", "구성원들을 고생시켜 괜히 욕만 먹는다"는 등의 비난과 우려가 있었지만, 성공을 확신하여 구성원을 설득하고 묵묵히 추진했다. 현재 그 병원은 대한민국에서 가장 혁신에 성공한 병원 가운데 하나로 꼽힌다. 진행과정에서 반대하던 구성원들도 지금은 그때 결단을 하지 않았으면 병원이 정체되었을 것이라며 당시 병원장을 높게 평가한다.

국민에게 즐거움을 선사하는 국민배우, 국민가수 같은 연예인들에게도 극렬 안티 팬이 있다. 병원경영자도 마찬가지다. 영향력이 높아질수록 그리고 획기적인 사업을 추진할수록 비난의 목소리는 점점 커진다. 심지어는 인신공격이나 음해를 서슴지 않는 사람들도 있다. 하지만 이에 흔들릴 필요가 없다. 혁신에 따르는 비난에 일일이 마음을 쓰면 실익보다는 확신과 에너지만 깎아먹을 뿐이다. 오케스트라 지휘자는 관객에게서 등을 돌린다. 지휘에 열중해야 관객을 만족시킬 수 있다.

진심을 몰라주니 억울하다?

병원장이 된 후 잠깐의 행복 뒤엔 불면의 시간이 찾아온다. 시간이 흐를수록 중압감이 커진다. 가만히 있자니 제 역할을 하지 못하는 것 같아 답답하고, 의욕적으로 무엇을 하자니 주위에서 반대한다. 장비를 사려고 하니 이권과 관계되어 있다고 헐뜯고, 돈을 벌기는커녕 쓰기만 한다고 한다. 제도나 운영시스템을 바꾸려고 하니 대외활동을 통해서 정책자금이나 기부금을 따내야 괜히 병원 사람들만 괴롭힌다고 한다. 좋은 의도도 순식간에 병원장의 이해관계를 위해서 한 일로 치부되는 경우도 있다. 만나주지 않으면 병원장이 되더니 거만해졌다고 하고, 자주 만나면 재임을 의식하여 인기관리를 한다고 한다. 병원장이라는 이유만으로 별의별 소리를 다 듣는 것이다. 그렇다고 병원장 예우를 제대로 해주는 것도 아니다. 시간이 지날수록 무리 없이 임기를 끝냈으면 좋겠다는 생각이 드는 게 당연하다.

처음으로 큰 조직의 리더가 되면 섭섭하거나 괘씸한 소리가 더 크게 들린다. 마음이 상해 화를 내면 속이 좁은 사람으로 낙인찍힌다. 경영자는 자신의 마음을 다스려야 한다. 자신을 바라보는 눈이 수백에서 수천에 이르다보니 갖은 의혹과 다양한 평가가 있기 마련이다.

병원장도 평교수 시절엔 별반 다를 게 없었을 것이다. 병원에서 하는 일을 긍정적으로 바라보기보다는 잘 알지도 못하면서 비판적이거나 냉소적이었을 것이다. 구성원들은 구태여 병원 사정을 자세히 알려고 하지 않고 병원 입장에서 생각하는 것도 아니다. 자신이 알게 된 작은 정보로 자신의 유불리를 따져 병원과 병원장을 평가하게 된다. 이 책의 성공사례에 나오는 병원장들은 전략 추진시 엄청난 반발과 비난에 직면해야만 했다. 그들도 사람인지라 억울한 소문과 억측에 마음이 상하고 일시적으로 좌절하기도 했다. 하지만 그들은 이내 평상심을 찾고 병원 구성원의 불평·불만을 관대하게 바라보고 그들의 평가를 반영하며 결국은 혁신을 일궈냈다. 그들의 태도는 한 마디로 의연했다.

묻고 비난하기 전에 미리 알려야

대부분의 병원들은 중요한 일을 추진하면서도 왜 이런 일을 벌이는지, 어디까지 진척됐는지, 어떤 성과가 있었는지 등을 제대로 알리지 않고 있다. 병원과 병원장은 무엇을 하고 있고 어떻게 하려는지 알리는 데 최선을 다해야 한다. 그게 소통의 시작이다. 그러면 병원 구성원들은 병원장의 내부 고객이자 병원의 홍보대사 역할을 한다. 내부 고객과 공감대를 형성하고 그들의 만족도를 끌어올리면 자연스럽게 외부 홍보 효과도 커지게 된다.

병원 구성원들이 비판하거나 비난할 때 말하면 이미 늦었다. 미리 알리면 소통이고, 물음이 나왔을 때 알리면 변명이 된다. 이견이 있거나 오해가 생긴 경우라면 솔직하게 대화하고 의논하여야 한다. 미움은 산(酸)과 같은 것이라고 한다. 미움을 담고 있으면 미워하는 사람이 다치는 것이 아니라 미움을 담고 있는 자신의 마음이 상한다. 경영의 속성은 경영학에서 출발해 정치학을 거쳐 심리학에 이르게 된다. 미움과 적개심을 품은 경영자는 큰 경영을 하지 못한다. 남들이 오해한다고 억울해하는 시간을 성과 창출을 위한 시간으로 돌리는 것이 현명한 병원장의 모습이다.

평상심에 투자하라

평상심을 유지하려면 우선은 건강해야 한다. 컨디션이 좋지 않으면 작은 일에도 짜증이 나기 마련이다. 조깅이나 사무실에서 할 수 있는 요가나 스트레칭을 몸에 익혀라. 헬스나 골프연습과 같이 특정시간 대에 다른 사람과 같이 할 수 있는 운동을 하는 것도 신체의 항상성을 유지하는 데 도움이 된다. 특히 스트레스를 해소하는 비상구를 만들어야 한다. 경영자는 불확실한 상황에서 자신의 감각을 믿는 직업이다. 그렇기에 스트레스가 많을 수밖에 없다. 그 상황을 관리할 수 있고 즐길 수 있다면 스트레스는 줄어들지만, 임계를 넘어서면 반드시 이를 해소할 나름의 방법을 가지고 있어야 한다. 야

외 드라이브를 한다든지, 아주 친한 사람을 만나든지, 아니면 숙면을 취하든지 자신만의 탈출구가 있어야 한다.

병원장은 늘 시간이 없다. 주말에도 행사가 있기 십상이다. 최소 일주일에 한 번, 수요일이나 목요일 중 하루는 시간을 비워두자. 이때를 활용하여 편하게 사람을 만나야 한다. 어려울 때 의논할 사람이 없으면 인간관계는 물론 경영에서도 이미 실패한 것과 진배없다. 자신이 운영하는 병원에 대해서 잘 아는 사람은 엄청난 자산이다. 자신의 판단이 정확한지 검증할 수 있고, 자신의 억울함을 털어놔 냉정함을 찾을 수도 있다.

나이가 들수록 독선적이고 유연성이 떨어진다고 한다. 그러나 그건 나이 자체의 문제가 아니다. 어릴 때는 많은 친구나 직장 선배들이 충고하거나 지적해주지만 나이가 들수록, 직급이 올라갈수록 다른 사람들에게 고언을 들을 기회가 줄어들기 때문이다.

특징 3.
남의 지혜를 잘 구한다

나는 경영을 좀 안다?

젊을 때 기획부실장부터 시작하여 오랜 시간 보직을 맡다가 병원장 공모에서 두 번 떨어진 후 재기에 성공한 병원장이 있다. 이 과정에서 6년 간 병원경영 현장에서 벗어나 있었다. 대형병원에서는 6년이 지나면 병원상황도, 직원도 많이 바뀐다. 그런데 이 병원장은 취임하자마자 대규모 인사를 하고 과거 병원장의 정책을 수정하였다. 무엇에 쫓기는지 조급하게 의사결정을 했다. 과거에 경쟁했던 병원장들보다 더 잘해야 된다는 강박과 그들의 업적을 지우고 싶은 마음이 공존하는 것 같았다. 그가 떠나 있던 6년간 보직을 맡은 사람은 전임 병원장의 사람이라며 쓰지 않았고, 보직경험이 전무한 새로운 사람들로 그 자리를 채웠다. 자신이 경영을 잘 알기 때문에 자신의 말만 잘 듣는 사람이면 된다는 이유에서이다. 그 결과 경영의 기본적인 용어조차 모르는 사람들이 경영에 참여하면서 '봉숭아 학당 같다'는 비아냥거림과 비난이 쏟아지고 병원의 분위기는 엉망이 되었다. 병원장은 처음에는 자신만만하게 밀어붙였지만 과거에 해오던 일을 못 하게만 했을 뿐 제대로 진행되는 일이 없었다.

이런 유형의 병원장은 과거 보직경험이 있다는 이유로 자신이 모든 것을 잘 아는 것처럼 행동한다. 얕은 경영지식이나 자신이 겪은 특수한 경험을 일반화하며 과신한다. 대기업의 친구, 친지의 조언이나 조찬모임의 강의를 금과옥조인 것처럼 의존한다. 진지하게 경영을 배우려 하지 않고, 모르는 것도 아는 체한다. 주변에서 바른 말을 해도 듣지 않고, 심지어 전문가의 조언에도 귀 기울이지 않는다. 자신과 의견을 같이하지 않는 사람들을 적대적으로 대하거나 무시한다. 충언할 수 있는 사람들은 이런 사람들 곁에서 멀어져 간다.

보직경험도 없이 병원장이 된 사람들 중에도 턱없이 자신만만한 사람이 적지 않다. 젊어서는 우수한 학생으로 인정받았고, 환자나 학생에게도 교수로서 존경을 받으며 오랜 시간을 보냈다. 대부분의 시간을 '갑'의 위치에서 지내다 마침내 병원장이 되었기에 무슨 일을 해도 남들보다 더 잘 할 수 있다는 자신감을 가지는 것이다.

저자가 의료진을 대상으로 강의할 때, 청중들에게 던지는 질문이 있다. "유명 의과대학을 나오면 명의가 될 가능성이 높은가? 의과대학 시절 성적이 좋은 사람과 명의의 상관관계가 높은가?" 물음이 떨어지자마자 한 치의 망설임도 없이 청중의 대부분이 고개를 가로젓는다. 재학시절 공부를 잘했다는 것과 진료를 잘한다는 것은 상관관계가 적고, 오히려 진료를 잘하기 위해서는 적합한 품성과 노력이 필요하다고 대답한다. 만약 진료를 잘하는 의사가 경영을 잘할 가능성이 높으냐는 질문이 있다면 어떨까. 훌륭한 과학자라고 해서 당연히 훌륭한 연구소 경영자가 되는 것이 아닌 것처럼 명의라고 해서 병원경영의 명의가 되는 것은 아니다.

경영은 상식으로 하면 된다?

의료계에서는 정규과정을 거치지 않거나 실력이 없이 의료행위를 하는 사람을 '돌팔이'라고 한다. 돌팔이 소리를 듣는 것은 의료계에서 가장 치욕적인 일이다. 돌팔이는 '돌다'와 '팔다'의 합성어다. 실력이 없어 여기저기 돌아다니며 파는 사람, 즉 가짜나 엉터리를 지칭한다. 의사 중에는 돌팔이처럼 제멋대로 진료하거나 오진으로 멀쩡한 사람을 잡는 사람은 드물다. 하지만 경영자 중에는 돌팔이처럼 제멋대로 행동하거나 오판으로 병원을 엉망으로 만드는 사람이 적지 않다.

경영에 문외한인 병원장들의 특징이 있다. 밑도 끝도 모를 정도로 고민을 많이 한다. '부대사업을 어떻게 해야 하나', '아웃소싱을 줘야 하나, 직영을 해야 하나', '전문화를 해야 한다면 무엇을 전문화하나' 등등. 이런 고민을 해결해 줄 방법을 찾기 위해 동원하는 방식도 비슷하다. 처지가 비슷한 병원장을 만나 술을 마시며 얕은 정보나 지식을 공유하거나 하소연하는 것이다. 문외한이긴 마찬가지인 동료들에게 경영을 묻고 때로는 일반인에게 묻기까지 한다. 이런 일을 벌이는 것은 경영은 상식이다, 병원경영도 정상적으로 생각해서 이성적으로 하면 충분하다는 생각에 기인한다.

어르신 중에는 '내 병은 내가 제일 잘 안다'며 병원가기를 거부하는 분들이 있다. 때로는 시간이 지나면 나을 것이라는 막연한 믿음 때문에, 또 때로는 큰 병으로 판정될까하는 두려움 때문이다. 어떤 경우든 병을 키우는 결과를 초래한다. 마찬가지로 심각한 문제가 있음에도 '우리 병원은 내가 제일 잘 안다'며 전문가의 진단과 조언을 마다하는 경우도 있다.

하지만 대충 알고 있는 것이 더욱 위험하다. 그렇게 알아서는 답을 찾지 못하거나 오히려 일을 더 그르치게 만들기 때문이다. 속이 불편할 때 술을 많이 먹어서 그렇다고 생각하거나, 최근 스트레스를 많이 받아서 그렇다고 여긴다. 속이 어느 정도 불편한지는 환자가 제일 잘 안다. 하지만 소화기 중에서 위, 장, 간 중 어느 부위에 어떤 문제가 있는지 알기는 어렵다. 증상을 얼마나 정확하게 진단하느냐에 따라 치료방법은 매우 달라진다. 그런데 환자들이 치료방법을 잘 아는 것도 아니다. 조직의 병은 깊어지고 있는데, 경영자나 구성원들은 우리 병은 우리가 잘 안다며 치료를 미룬다. 그 결과 호미로 막을 병을 가래로 막거나 불치병으로 키우고 만다.

의료인들이 돌팔이 의사와 명의를 쉽게 구분하듯 경영자들도 돌팔이 경영자와 경영의 명의를 금세 구분한다. 사람은 유기체다. 조직은 사람이라는 유기체가 모인 더 복잡한 유기체다. 사람의 질병을 고치는 방법을 배우는데도 최소 10년은 걸린다. 사람들이 모인 조직의 병을 고치는 방법도 단순히 이론만 익혀서 아는 것도 아니고, 경험이 많다고 알게 되는 것은 더더욱 아니다. 바둑 7급이 아무리 많아도 한 명의 7단을 못 이기듯, 상식적인 아마추어 병원장이 아무리 많아도 한 명의 프로경영자를 이길 수 없다. 7급의 실력을 가지고 병원을 경영해도 별 문제가 없는 시절은 지났다.

병원장의 리더십은 겸손에서 출발해야

대부분의 병원장은 임명될 때 '경영'에 대한 전문성, 조직관리 경험과 역량이 부족하다. 그런데 할 일은 태산이다. 병원 내 다양한 직종의 전문가들을 아울러 환자에게 감동을 주고 구성원들에게 비전과 자부심을 제공해야 한다. 병원장으로서 부족한 부분을 보강할 방법을 찾아야 하고 구성원을 비롯한 많은 사람들의 지혜와 협력을 구해야 한다. 이런 이유로 기업 경영자에 비해 병원장에게 더 중요한 덕목이 있다. '겸손'이다.

겸손은 다른 사람이 나보다 나은 면이 있다는 것을 진심으로 인정하는 마음에서 출발한다. 병원장들은 대부분 의술에서 성취를 이룬 사람들이다. 그 성취감 때문에 해보지 않고, 배우지도 않던 경영의 영역에서도 과도한 자신감을 가지는 경향이 있다. 이럴 경우 참모들은 쉽사리 충언하지 못하고, 병원장은 시간이 지나도 병원의 실상조차 파악하지 못한 채 임기를 끝내게 된다. 특정분야에서 높은 성취를 이룬 사람은 다른 분야에서도 그럴 가능성이 높다. 다만 새로운 분야에서도 이전처럼 많은 시간을 투입해 학습하고 경험을 쌓는 노력을 한다는 전제가 있어야 한다. 병원경영이 특히 그렇다.

부족함을 많이 알수록 많이 채울 수 있다

기업의 임원들은 대부분 많은 경영경험을 토대로 성장한 사람들이다. 임원이 되거나 경영자가 된 이후에도 주기적으로 많은 시간을 투입하여 경영교육을 받고 전문가의 멘토링과 자문을 받는다. 이에 비해 대부분 병원장들은 진료 중심의 삶을 살다가 경영의 길로 들어선 분들이다. 그런데 무엇을 모른다고 하면 리더십을 해칠 것 같은 우려에 잘 모르는 것도 아는 것처럼 행동하는 경우가 적지 않다. 경영교육을 정식으로 받지도 않았고, 보직을 맡았을 때도 많은 시간을 투입하지 않았다면 경영문제나 경영기법을 잘 모르는 것이 당연하다. 그런데 많은 병원장들이 모르는 것을 모른다고 하지 않고, 잘 물어보지도 않는다. 이렇게 하면 병원에 손해를 끼치는 의사결정을 할 위험이 높아질 뿐 아니라 시간이 지나도 경영실력이 늘지 않는다.

경영자라고 반드시 모든 업무를 다 알아야 하는 것이 아니다. 때로는 모른다고 해야 구성원들이 리더에 대한 자신의 역할이 존재하는 것을 느끼고 더욱 협력하게 된다. 모른다는 말을 자주 하지 않도록 공부하는 것은 바람직하지만, 때로는 모른다는 말을 하는 것이 자신감의 표현이라는 것도 알 필요가 있다. 약점을 드러내고 부족한 점을 인정하면 리더십이 당당해질 수 있다. 문제가 없다고 생각하면 해결 방안을 찾을 수 없다. 마찬가지로 부족한 것이 없다고 생각하면 주변에서 채워줄 기회가 없다.

부족함을 인정하지 않는 경향은 구성원도 마찬가지다. 전문가의 지혜를 빌리려고 하면 관련된 업무의 구성원들은 자신을 못 믿어서라며 불만을 가지기도 한다. 하지만 기본적으로 구성원과 외부 전문가의 역할은 다르다. 외부 전문가는 경험과 지식 그리고 다양한 사례 등의 전문성과 함께 이해관계에서 자유로운 '객관적 입장'에 있다. 그래서 병원 내 이견이 있을 때 현명한 선택을 할 수 있게 돕는다. 세계적인 골프선수들도 매년 티칭프로로부터 그립, 스윙 등을 점검받는다. 그들은 티칭프로보다 골프를 훨씬 잘 치지만 점검받는 것을 당연한 일로 생각한다. 잘하던 샷도 시간이 지남에 따라 달라지는데, 이를 자신은 모를 수 있다. 자신보다 티칭프로가 보는 시각이 더 정확할 수 있다. 티칭프로는 선수의 샷을 점검하고 개선방안을 제시하는데 많은 경험과 전문성을 가지고 있기 때문이다.

시행착오를 줄이는 것이 돈 버는 것이다
어느 대학병원은 분원의 문을 닫고 난 뒤 새 병원의 부지를 확보했다. 부지 매입가만 1,700억 원에 이르렀다. 병원을 신축하고 장비를 넣으니 비용은 4,000억 원으로 불어났다. 이렇게 많은 투자를 하는데도 병상수를 비롯한 병원의 규모, 전문화 전략, 진료과별 면적 결정, 공간 배치, 편의사업 활성화 전략, 전략적 장비 구매 등의 수많은 과제를 그 대학의 교수들에게 맡겼다. 대학교수는 병원 컨설팅 경험이 없기도 하지만, 그것이 풀타임 업무도 아니다. 공간 설계는 자주 바꿀 수 있는 것도 아니고, 한 번 잘못되면 고칠 때까지 환자와 의사가 불편할 뿐만 아니라 수익에도 많은 악영향을 미친다. 편의사업을 넣을 때에도 '키 테넌트(Key Tenant)'를 비롯하여 임대계약 방식, 서비스 표준 문구 등 살펴야 할 것이 많다. 병원에 오래 근무한 사람도 신축 경험이 없고 최신의 비교자료를 확보하기 어렵기 때문에 시행착오를 할 우려가 많다.

기업은 약 6,000억 원의 예산이 드는 공사를 진행할 경우 계획수립에 상당한 비용을 투입한다. 그런데 기업보다 사업 경험이 적은 병원은 무모하리만큼 계획 없이 공사를 추진한다. 위 사례도 실제로 개원이 늦추어졌고, 예상했던 비용보다 훨씬 많은 금액이 투입되었으며, 공간의 효율성이나 편의성에 대해서도 많은 지적이 있었다. 이로 인한 부담은 상상할 수 없을 정도이다. 하물며 개원 후 일 년이 지나도 환자가 적어 병상의 3분의 1도 열지 못했다.

J의료원은 반대 경우다. 분원을 지을 때 전문가를 통해 병원의 주변 환경, 병상의 규모, 병원 신축의 차별화 포인트, 전문화, 개원전략, 마케팅 방안, 재무조달계획을 수립했다. 일정대로 추진되었고 준공 전부터 사전 홍보를 잘해서 개원 후 3개월 만에 1차 병상가동률 목표를 달성하고, 8개월 만에 전 병상을 오픈하여 약 90%에 이르는 병상가동률을 유지하고 있다. 조기안정화에 성공하여 투자여력을 확보한 J의료원은 5년 차에 재투자를 할 수 있게 되었다.

S병원은 고가의 장비를 살 때는 저자의 회사에 의뢰한다. 장기적인 수요, 임상효과, 경제적 타당성, 후속 버전이 나올 시점과 기능의 격차 등을 검토하여 도입 시기, 도입할 장비, 적정 금액과 계약조건 등에 대한 분석을 제공한다. 수십억에서 크게는 1,000억에 가까운 장비를 구매하는 것은 부담도 클뿐더러 병원의 미래와 직결되는 일이다. 그럼에도 일부의 의견을 듣고 졸속으로 고가장비를 도입하는 경우가 있다. 어느 대학병원으로부터 사이클로트론(입자가속기) 도입에 대한 타당성 분석을 의뢰 받은 적이 있다. 장비 도입에 대한 컨설팅은 이미 내부 결정이 내려진 상태에서 그 정당성을 확보하려는 차원에서 이뤄지는 경우가 많다. 이

런 사정을 반영하여 구색 맞추기 식의 보고서를 요청하는 경우도 있다.

그러나 '프로'는 주변 여건에 흔들리지 않고 분석을 근거로 신념에 따라 정직한 의견을 표명해야 한다. 그 대학병원은 사이클로트론 수요가 매우 많아 자체생산을 해야 한다고 판단하고 있었다. 하지만 엘리오의 분석 결과는 반대였다. 수요가 과대하게 예측되어 있었고 이를 바로 잡으니 외부구매가 훨씬 더 유리한 것으로 분석되었다. 또한 사이클로트론의 설치 공간은 매우 넓어야 하고 한번 설치하면 되돌리기도 어렵다는 등 다양한 측면을 고려하여 '도입하지 말라'는 권고를 했다.

그 대학병원은 권고를 받아들였다. 그 후 몇 년간 사이클로트론의 수요는 분석 결과와 차이가 거의 없어 외부구매로 인한 비용절감 효과가 매우 컸다. 또 사이클로트론을 설치하려던 부지에 대규모 진료시설을 증축할 수 있게 되었다. 대학병원의 내부 검토안대로 도입했다면 노른자위의 넓은 공간을 쓰고도 가속기의 가동률은 매우 낮았을 것이다. 그렇다고 해서 가속기를 폐기할 수도 없는 진퇴양난의 상황에 직면했을 것이다.

노하우를 빌려야 한다

경영 관련 책과 전략보고서를 읽어야 하지만 거기에만 의지해선 곤란하다. 책과 보고서에 특정 전략이 아무리 상세히 기술돼 있어도 경험이 없는 사람은 제대로 실행할 수 없다. 수술경험이 없는 의사나 똑똑한 일반인에게 암 수술을 잘하는 법을 아주 자세히 읽도록 하고 수술법을 반복해서 설명해도 실제로 메스를 들기는 어려운 것과 같은 이치다.

배를 가르고 난 뒤 여기저기에서 피가 터져 나오면 혼비백산이 되어 하나도 기억이 나지 않을 것이다. 마취에 취해 말없이 수술대에 누운 인체를 수술하는 것도 이렇게 어렵다. 게다가 도려내야 하는 것은 나쁜 암세포와 같은 것들이다. 세포들은 별다른 저항도 하지 않을 뿐 아니라 그것을 도려낼 때 나쁜 세포이기에 심리적 부담 같은 것도 없다.

하지만 사람을 대상으로 혁신하는 경우는 완전히 다르다. 마취된 세포가 아니라 혁신 의도를 파악하고 적극적으로 저항한다. 그들은 도려내야 할 암세포가 아니라 그 조직의 구성원이기 때문에 혁신 실행자 역시 심적 부담감을 가질 수밖에 없다. 그래서 경영적 수술은 암 수술보다 난이도가 월등히 높다고도 할 수 있다. 전략을 담은 책이나 보고서와 함께 멘토가 반드시 필요한 이유다. 경험 많은 전임 병원장이나 이미 퇴직한 원로들과 논의를 많이 하는 게 좋다. 전문성이 있는 컨설팅회사와 장기적인 협력관계를 유지하는 것도 효과적이다.

Big4를 비롯해 잘 나가는 대학병원들은 수시로 경영자문을 받는다. 삼성이나 SK 같은 대기업도 그러하다. 특정 사안에 대해 확신을 가지기 위해서, 전반적인 경영방향을 잡기 위해서, 효율적인 전략을 수립하거나 점검받기 위해서 등 다양한 목적을 가지고 컨설팅을 받는다. 특정한 문제가 없을 때에도 외부의 시각으로 주기적인 점검을 받는 것은 건강한 사람도 건강검진을 주기적으로 받는 것과 같은 이치이다.

그런데 정작 경영자문을 받아야 할 병원들은 컨설팅을 잘 받지 않는다. 재정적으로 어렵기 때문에 경영자도 그럴 엄두를 내지 못한다. 재정이 어려워서 자문을 못 받고, 자문을 받지 않으니 자신들의 문제점을 개선할 방법과 기회를 가지지 못해 경영 사정이 더욱 어려워진다. 악순환의 트랩에 빠지는 것이다.

특징 4.
일반직의 가치를 잘 안다

일반직 보직자를 무시한 대가?

월요일 아침에 열리는 의료진 보직자 티타임에서 모든 의사결정을 하는 병원장이 있다. 매주 있는 경영회의, 확대간부회의는 요식행위에 지나지 않는다. 어떤 경우에는 경영회의에서 결정한 사안도 보직자 티타임에 참석한 친한 교수의 말 한마디로 뒤집어진다.

이런 일이 거듭되면 경영회의에 참여하는 행정부원장을 비롯한 일반직 보직자들은 자신들이 허수아비라는 생각이 든다. 회의에서 자발적으로 발언하지 않고, 병원장이 물어보면 마지못해 원하는 답이나 원론적인 수준의 답을 하고 넘어간다. 의사결정에 영향을 주지 못하는데 굳이 얘기를 꺼낼 이유가 없기 때문이다. 이렇게 되면 일반직 보직자들은 그들의 감정을 직원들에게 투영하여 병원 분위기도 나빠지고, 병원장에 대한 평판도 나빠지게 된다. 또한 일반직이 병원장을 세밀하게 챙겨야 할 일에도 소홀해지면서 어이없는 실수가 이어지거나 작은 실수가 증폭되어 병원장을 난처하게 만들기도 한다.

이렇듯 병원장이 일부 의료진 간부 중심으로 의사결정을 하면 일반직 보직자에게 적절한 일을 맡기거나 권한을 위임하는 것이 어렵게 된다. 그 결과 모든 의사결정은 병원장에게 집중되고, 병원장이 결정을 내리지 않으면 병원은 제대로 돌아가지 않게 된다. 병원장이 해외출장을 가거나 휴가를 가면 진행되던 일이 사실상 '올 스톱'되는 경우도 있다. 리더십 부재의 부작용이 결국 병원장에게로 부메랑처럼 돌아가는 것이다.

다양한 직종의 일반직 보직자들은 스스로 의사결정을 할 수 있는 권한도 없다. 책임지고 무엇을 할 분위기도 아니다. 나서서 잘하려고 하다가 조금이라도 시끄러운 일이 생기면 엄청난 타박을 감내해야 한다. 다들 무기력해지고 자신감이나 역량은 줄어만 간다. 뿐만 아니라 그들의 리더십은 치명적인 손상을 입게 된다.

부서장을 신뢰하고 따라갈 수 없는 상황에서 일하는 직원들의 마음은 어떠할까. 자신들의 5년 후, 10년 후의 모습인 부서장을 보면 답답함이 밀려올 수밖에 없다. 부서장이 되어도 윗사람 눈치만 보고 급여를 조금 더 받는 일개 직원 수준에 불과할 것이기 때문이다.

이익규모는 일반직 보직자의 역량에 달려

병원장이나 기획실장이 기획능력이 있으면 좋지만 의료에만 전념해온 경영자가 갑자기 기획역량을 배양하는 것은 쉬운 일이 아니다. 병원의 규모가 작을수록 병원장은 진료에 매달릴 수밖에 없는 실정이다. 그러니 병원경영에 필요한 정보를 제때 습득할 수 없고, 장기적인 차원의 계획을 수립하거나 이행하기 어렵다.

병원장들의 역량을 극대화하기 위해서는 일상적인 일들을 일반직 보직자들이 해결할 수 있어야 한다. 병원장의 일도 직간접적으로 도와줌으로써 병원장이 자기계발에 시간을 낼 수 있게끔 해야 한다. 그런데 대부분 병원장은 일반직의 능력과 충성도를 의심하면서 그들을 경영 파트너로 생각하지 않는 경우가 많다. '자발적으로 의견을 내지 않는다', '전임 병원장 사람이다', '보안을 유지하지 않을 것이다' 등의 불신과 우려를 가지고 있다. 그러나 그들의 적극적 협조 없이 제대로 할 수 있는 일은 많지 않다. 일반직 중에서 실력 있고 입이 무거운 사람을 찾고 또 찾아야 한다. 그 대가는 생각보다 더 크고 달콤할 것이다.

실제로 진료수입을 제외하고 검진센터부터 장례식장, 임대사업에 이르기까지 진료외수익은 물론 비용과 관련된 것들은 대부분 행정직의 전문성과 의지에 따라 결정된다. 효과적인 구매로 인한 비용절감, 장기적인 인력수급계획으로 인한 인건비 절감, 각종 계약을 통한 비용절감, 관리비 절감은 이익에 직접적인 영향을 미치는 사안들이다. 진료수입은 늘려봐야 증가분의 10% 미만의 이익을 내지만, 비용절감은 100% 이익으로 돌아온다. 각종 실사와 대외적인 사건사고 처리 등도 일반직의 영역이다.

일반직의 역할이 돋보이는 대학병원들은 의료진 보직자와

일반직 보직자가 허물없이 의논하는 문화가 있다. 이런 병원은 다수의 일반직과 의료진이 고교나 대학 동문이라는 특징이 있다. 보직자가 되기 전부터 자주 어울리며 교류가 많았기에 서로 스스럼없이 대화를 나눌 수 있다. 그래서 병원 내의 다양한 목소리가 수렴되고 정확한 의사결정을 할 수 있게 된다. 전략을 결정하는 사람과 실행하는 사람이 허심탄회하게 논의할 수 있을 때 일 진행이 예상보다 빠르고 성과가 훨씬 높다.

직종별 리더십을 발휘하게 해야

병동의 책임간호사가 바뀌면 병동의 분위기가 확 바뀐다. 원무부장이 바뀌면서 친절도가 올라가고 사건사고가 현저히 주는 경우도 있다. 이처럼 분야별 관리자가 병원장의 손길이 닿지 않는 곳에서 자기만의 리더십을 발휘해주어야 한다.

분야별 관리자의 리더십 확보는 그들뿐만 아니라 병원과 병원장을 위해서도 반드시 필요하다. 그들의 업무성과도 높아지지만 경영자의 일상적인 업무부담이 줄어든다. 공식적인 자리에서 가급적 중간관리자들의 의견이 존중받는다는 느낌을 주어야 한다. 그리고 병원장은 과정보다 결과를 챙겨야 한다. 병원장이 추진사업에 너무 많이 관여하면 보직자들은 병원장의 입과 의중만 살피게 되고, 그렇게 되면 다원적 리더십(Multi-Leadership)이 위축되는 결과를 초래한다.

가장 적임인 임직원에게 사업 추진을 맡기고 그들이 일할 여건을 만들어주는 게 병원장의 할 일이다. 그들에게 말을 건넬 때는 "제가 도와줄 일은 없습니까?", "애로사항이 무엇입니까?", "정말 수고가 많습니다."로 시작하고, 대화가 끝날 때는 "언제면 결과를 볼 수 있습니까?", "정말 궁금하고 기대 되네요." 같은 말이 필요하다.

한 달에 한 번은 반드시 업무 진행 보고를 받아야 한다. 다만 부서장을 건너뛰고 담당자에게 직접 보고 받는 일은 가급적 하지 말아야 한다.

공(功)을 다른 곳으로 돌려도, 결국 경영자의 몫

좋은 성과가 나오면 직원 덕으로 돌리고 나쁜 성과가 나오면 경영자 탓으로 받아들여야 한다. 공을 다른 사람에게 돌려도 병원장의 공은 사라지지 않는다. 구성원의 공을 가로채지 않는 것은 물론 자신의 공도 구성원에게 돌리는 병원장의 리더십은 저절로 빛난다. 좋지 않은 결과에 대한 최종적인 책임은 병원장 자신에게 있음을 인정해야 한다.

과오 역시 공과 마찬가지로 아무리 떠넘기려 해도 결코 자신으로부터 멀어지지 않고 부메랑이 되어 더 크게 돌아올 뿐이다. 골프공이 홀에 들어가지 않았다고 캐디를 나무라는 프로골퍼를 본 적이 있는가? 병원장이 과오의 책임을 다른 사람에게 한 번이라도 떠넘기는 순간 그들은 병원장이 잘못된 결정을 하여도 방관할 것이다.

"배움은 질문에서 시작된다"

🔆 나 또는 우리병원 병원장의

▸ 병원장으로서 몇 점이라고 생각하는가?

무탈하게 임기를 마치려는 타입 [1] [2] [3] [4] [5] [6] [7] 획기적 성과를 추구하는 타입

▸ 비난에 대처하는 방식은 어떤 편인가?

비난에 감정이 많이 흔들리는 편 [1] [2] [3] [4] [5] [6] [7] 의연하게 할 일을 하는 편

▸ 인력을 활용하는 방식은 어떤 편인가?

자신을 과신하고 단독으로 설정 [1] [2] [3] [4] [5] [6] [7] 참모나 전문가 등 다수의 지혜 활용

▸ 의사결정하는 방식은 어떤 편인가?

의료진 중심의 의사결정 [1] [2] [3] [4] [5] [6] [7] 일반직 보직자들과 다양하게 의논

▸ 성과가 났을 때의 태도는 어떤 편인가?

성과를 자축하며 권위를 세움 [1] [2] [3] [4] [5] [6] [7] 구성원들에게 공을 돌림

어차피 완벽한 결정은 없다.
늦은 결정이 틀린 결정보다 치르는 대가가 더 크다

『Jeff Bezos』

탁월한 병원장의 7계명

경영성과로 이어지는 7계명

이해가 되지 않을 때, 외운 대로 하라

경영자들은 병원에서 젊은 구성원들의 행동양식을 보아도, 집에서 자녀와 대화를 해도 답답할 때가 많다. 이해하려고 마음을 내어도 이해되지 않는다. 동서고금을 막론하고 젊은 친구들은 철이 없어 보이고, 세대차는 있기 마련이다. 하지만 우리나라에서는 특별히 더 심하게 느껴지는 이유가 있다.

처한 입장에 따라 평가가 다를 수 있지만 객관적인 통계는 대한민국을 '기적을 이룬 나라'로 기록한다. 1960년대 이후 1인당 GDP 랭킹이 꾸준히 급상승하여 세계 역사상 가장 짧은 시일에 최빈국에서 선진국으로 진입했다. 1960년 한국과 1인당 GDP가 비슷한 나라는 아프리카의 빈민국 가나였다. 1970년은 말레이시아, 1980년 브라질, 1990년 사우디

아라비아, 2000년 그리스, 2010년 포르투갈에 이어 최근에는 이탈리아와 비슷하다. 이렇게 여러 나라들을 차례로 넘어선 자랑스러운 역사를 가지고 있다. 그러므로 각 세대는 다른 국가나 다른 인종으로 태어난 것 같은 차별성을 가질 수밖에 없다. 즉, 우리나라에서 갈등과 세대격차가 유독 큰 이유의 근저에는 '압축 성장'이 자리 잡고 있다.

부모는 최빈국에서 태어나서 후진국에서 자랐고, 자녀는 중견국에서 태어나 선진국에서 자랐다. 출생국의 경제수준이 다르면 자라면서 경험한 것과 사고방식이 완전히 다를 수밖에 없다. 일본을 비롯한 다른 선진국들은 아버지도 선진국에서, 아들도 선진국에서 태어나서 자랐다. 부모자식이 자란 환경이 크게 바뀌지 않았기에 경험과 인식의 격차도 우리만큼 크지 않다. 후진국에서 태어난 어른들은 선진국에서 성장한 청년들을 이해하기 어려운 정도가 아니라 아예 이해하기가 불가능하다. 저자의 경험칙이 있다. '이해가 안 되면 억지로 이해하려고 애쓰지 말고 그냥 외우자. 그들이 싫다는 것을 그냥 안 하면 된다. 그러면 편하게 소통된다.'

[그림 4-1] 대한민국의 연도별 1인당 국내총생산과 유사규모였던 국가

- 갈까 말까 할 때는 가라
- 먹을까 말까 할 때는 먹지 마라
- 살까 말까 할 때는 사지 마라
- 말할까 말까 할 때는 말하지 마라
- 줄까 말까 할 때는 줘라

위 문구는 서울대학교 최종원 교수가 쓴 '인생 교훈'이다. 간명하지만 큰 가르침이 있다. 저자는 특히 '더 먹을까 말까 할 때 먹지 말라'를 오래 전부터 하나의 계명으로 삼아 실천하고 있다. 이런 유용성에 착안하여 마음을 가다듬거나 판단의 기로에 선 경영자에게 적용 가능한 '하라마라 7계명'을 고안해 보았다.

- 깔까 말까 할 때는 까지 마라
- 결정할까 말까 할 때는 결정하라
- 먼저 할까 기다릴까 할 때는 먼저 하라
- 다가설까 말까 할 때는 다가서라
- 편 가를까 말까 할 때는 편 가르지 마라
- 개인플레이를 할까 말까 할 때는 하지 마라
- 마무리를 챙길까 말까 할 때는 챙겨라

성과의 성공요인과 필요역량

경영자는 직접 제품과 서비스를 만들거나 제공하는 사람이 아니다. 조직의 목표를 설정하고 전략을 구상하며 구성원이 일을 잘 할 수 있는 여건을 만드는 사람이 경영자다. 그러기에 기능적 업무보다는 의사결정을 잘해야 한다. 의사결정이 의도한 성과로 이어지려면 3가지 성공요인이 필요하다. 전략적 방향(Direction)을 잘 설정해야 하고, 동일한 일을 한다면 다른 병원보다 더 빨리(Speed), 더 완성도(Quality) 있게 해야 한다.

성공요인 / 필요역량	방향성 (Direction)	속도감 (Speed)	완성도 (Quality)
통찰력 (Insight)	⟫⟫	⟩	⟫
결단력 (Edge)	⟩	⟫⟫	⟫
실행력 (Execution)	⟫	⟫	⟫
결정력 (Finish)	⟩	⟫	⟫⟫

창의력 (Creativity)

[표 4-1] 역량이 의사결정의 성공요인에 미치는 영향의 정도 (Elio DSQ Matrix)

즉 다른 조직과 차별화된 전략이 있는가, 동일한 일을 한다면 다른 병원보다 더 신속하게 하는가, 동일한 전략을 구사한다면 다른 병원보다 더 완성도 있게 하는가를 염두에 두어야 남다른 성과를 낼 수 있다.

뛰어난 경영자는 성공적인 의사결정에 영향을 주는 남다른 통찰력(Insight), 결단력(Edge), 실행력(Execution), 결정력(Finish) 그리고 창의력(Creativity)을 갖추고 있다. 통찰력은 미래의 상황을 판단하고 비전 달성을 위한 방향성(Direction)을 잡게 한다. 결단력과 실행력은 실행의 속도(Speed)와 완성도(Quality)를 결정한다. 창의력은 이 모든 역량에 끊임없이 연료를 제공하는 마르지 않는 샘과 같다. 경영은 모든 과정이 중요하지만 권투의 피니쉬 블로우(Finish Blow)처럼 결정적으로 마무리를 잘 해야 한다. '하라마라 7계명'을 통해 의사결정의 방향성, 속도, 완성도를 챙길 수 있을 것이다.

하라마라 7계명

I   과거를 부정하지 마라, 당신도 존중받을 것이다

II   망설이지 마라, 전략이 강해질 것이다

III   솔선수범하라, 구성원의 마음을 움직일 것이다

IV   먼저 다가가라, 우군이 늘어날 것이다

V   공정하라, 저항이 적을 것이다

VI   조직과 시스템으로 일하라, 체질이 강화될 것이다

VII   집요하게 성과를 챙겨라, 역사에 남을 것이다

계명 I.
과거를 부정하지 마라, 당신도 존중받을 것이다

전임 병원장이 한 것은 무조건 잘못?

어느 대학병원은 수술 대기환자들이 많았지만 수술실이 부족한 것이 고질적인 문제였다. 여러 병원장을 거치며 8년 동안 첨단수술 전문병원을 추진했다. 인력도 보강하고 새로운 장비도 도입해 완공을 앞두고 있었다. 그간 수많은 보직자와 구성원이 쏟은 노력이 결실을 맺기 직전이었다. 그런데 하필이면 전임 병원장과 경쟁했던 신임 병원장이 취임한다.

그는 취임하자마자 완공을 앞둔 첨단수술 전문병원을 연구시설로 전환했다. 개원을 위하여 준비된 인력은 '잉여' 인력이 되고 장비도 활용할 수 없게 되었다. 첨단수술 전문병원이 개원해 관련 진료과가 이전하게 되면 그 자리를 턱없이 부족하던 편의시설로 전환하려던 계획도 무산될 수밖에 없었다. 막대한 투자가 이루어졌지만 환자는 더 받을 수 없었고 수술은 정체되어 적자는 늘어날 수밖에 없었다. 이 일을 계기로 구성원들은 경영진의 장기적 의사결정을 더 이상 신뢰하지 않게 되었다. 이전 집행부 때부터 어렵게 공감대를 이루어서 해온 일을 임명된 지 얼마 되지 않은 병원장이 쉽게 뒤집는 것을 보면서 '뭐든지 그때 가봐야 안다'는 냉소적인 분위기가 팽배하게 되었다. 이렇게 되면 어떤 조직이든 치명상을 입을 수밖에 없다.

이처럼 전임 병원장이 한 것은 무조건 잘못되었다며 반대로 하는 병원장들이 있다. 소위 역주행이다. 일부 정치인처럼 전임자를 폄훼해야 자신을 높일 수 있다고 생각한다. 전임 병원장은 졸지에 시간만 허비한 아마추어 경영자가 되고, 당시의 집행부는 울분을 삭이며 야인으로 돌아간다. 기획실장을 위시한 주요 간부들은 교체되고, 전임 병원장의 역점 사업은 지속필요성도 제대로 검토하지 않은 채 폐기일로에 처하게 된다. 이렇게 되면 대부분 구성원들은 분위기에 편승한다. 부서장들은 신임 병원장에게 보고할 때 전임 집행부 때 진행된 일들에 대해 비판적인 입장을 취하는 것이 신임 집행부의 입지를 높이는 일이라고 생각한다. 정치권과 비슷하다. 정권이 교체되면 이전 정부가 한 일은 대부분 청산 대상으로 치부된다. 과거와 차별화하기 위한 시도로 볼 수 있지만 진행되는 사업이 중단되거나 변경되어 지불하게 되는 대가가 너무나 막대하다. 그러나 경영은 정치와 다르다. 정치는 지지율이 우선이고, 경영은 성과를 앞세운다. 정치인은 성과를 낼 수 있어도 여론이 좋지 않으면 다음 선거를 위해 포기하지만, 경영자는 인기를 얻지 못해도 획기적인 성과나 미래의 성공을 위해 결단하고 추진해야 한다.

잘못된 것을 전임자에게 전가함으로써 책임 없는 비판자의 모습을 보이는 병원장은 스스로 신뢰를 떨어뜨리는 사람이다. 일반적으로 병원장의 임기가 절반을 넘어서면 새로운 일을 시작하기 어렵다. 임기가 30%정도 남으면 레임덕 현상의 조짐이 보이며, 병원장을 선거로 뽑는 병원이라면 레임덕은 그보다 더욱 빠르게 나타난다. 그런데 새로운 병원장이 취임해 전임 병원장이 한 일을 부정하는 일을 반복하면 임기의 중반 이후에는 일을 제대로 진행할 수 없게 된다. 구성원들은 병원장이 바뀌면 현재 진행 중인 일이 또 중단되거나 바뀔 것이라고 여기기 때문이다. 전임 경영진을 존중하지 않으면 자신도 전임처럼 당하게 된다는 것을 명심해야 한다.

"전임 병원장이 준비를 잘해줘서 고맙네요"

지방 국립대병원의 어느 병원장은 취임 2년을 넘기며 왜 비전과 전략이 중요한지 알게 되었다. 재임여부를 떠나 깨달았을 때부터라도 실행해야 한다고 생각해 엘리오와 함께 병원의 비전과 전략을 수립했다. 임기를 8개월 남긴 시점이었다. 이때 일부 구성원들이 재임 준비용이라며 입방아를 찧었지만, 그보다 더 많은 구성원들이 적극적으로 참여하여 병원의 미래를 설계하고 수행해야 할 전략을 함께 만들었다. 그는 연임에 실패하였다.

다행히도 신임 병원장은 전략보고서를 충실히 읽은 뒤 신임 보직자들과 전임 병원장 시절 전략수립 작업에 참여한 컨설턴트와 토의를 하자고 했다. 장시간 토의가 끝날 즈음에 신임 병원장은 이렇게 마무리했다. "수립된 전략을 보니 현실 파악을 쉽게 할 수 있었고, 제가 막막하다고 생각한 부분에 대한 해결책도 잘 제시되어 있다. 앞으로 이대로 추진하면 되겠다는 생각이 든다. 전임 병원장님께 감사드린다." 신임 병원장은 이전에 수립된 전략에 자신의 복안을 가미하여 과감한 전략 실행에 나섰다. 구성원들의 협력이 잘 이루어지면서 첫 해부터 만족할 만한 성과를 내기 시작했다.

전임 병원장을 비난하면 전임 병원장을 신뢰하거나 가까이 했던 세력은 적으로 돌아선다. 전임 병원장이 인기가 없었더라도 20% 이상은 그와 함께 일했던 사람들이고, 특히 의사직 이외 부서장들은 자리가 바뀌어도 여전히 보직자 자리를 지킨다. 전임 병원장이 역점을 두고 잘 추진한 사업은 칭찬하고, 가급적 승계하여 성공시키도록 더욱 고도화해야 한다. 전임 병원장이 시작한 사업도 성공적으로 마무리하거나 더욱 발전시킨다면 그것은 현 병원장의 성과로 기억될 것이다. 또한 모두를 포용함으로써 리더십을 세울 수 있고, 실무 부서장들은 사업의 연속성 위에서 안정적으로 일할 수 있다.

전문성이 필요한 분야의 부서장은 가급적 승계해야 한다. 핵심 사업을 담당하는 사람들과 대외협력을 하는 사람들도 특별한 문제가 없는 한 진행 중인 사업을 계속 맡겨야 한다. 사업의 연혁을 잘 아는 사람의 노하우를 활용할 수 있고, 유관기관과의 관계 유지에 유리할 수 밖에 없기 때문이다. 대다수의 대학병원은 대학, 재단, 교육부 등과 다양한 이해관계에 놓여 있고 국공립의료기관은 정부나 지자체에 정책, 예산 지원의 상당부분을 의존한다. 경영진 및 담당자와 유관기관의 신뢰관계에 따라 어려운 일이 쉽게 풀리기도 하고

다 된 일이 꼬이기도 한다. 2~3년 이상 유관기관과의 업무를 수행한 부서장을 교체하면 새로운 담당자들이 그 기관들과의 신뢰관계를 다시 구축하는 데 오랜 시간이 걸려 상당 기간 협조를 받기 어려워진다.

수정할 땐 저작권자의 허락을 맡아야

어떤 사업이라도 추진 배경과 경과 그리고 사업의 특성을 충분히 이해하지 않은 채 사업을 중단하거나 원점으로 회귀하는 것은 참으로 위험한 일이다. 성과가 막 나려고 하는 시점이라면 더 위험하다. 이럴 때는 전임 병원장과 원로교수를 만나 방향 전환의 배경을 논의하고, 이전 사업을 추진할 때 어려웠던 점과 보완해야 할 점을 경청해 보라. 의견을 듣는 창구를 마련하는 것만으로도 반대 입장에 있는 이들의 마음이 녹는다.

만약 상황이 전략을 수립하던 당시와 달라져서 부득이 전임자가 추진하였던 사업을 철회하거나 변경하여야 할 때는 전임 병원장과 그 이유 및 향후 추진방안을 충분히 공유하는 게 좋다. 전임 병원장 시절에 내린 판단 자체는 옳지만 환경이 변화함에 따라서 사업방향을 보완하는 것이 원래 취지를 더욱 잘 살릴 수 있다는 사정 등을 설명해야 한다. 그들을 적극적인 지지자로 바꿀 수는 없어도 적극적인 반대자로 만들지 않게 된다.

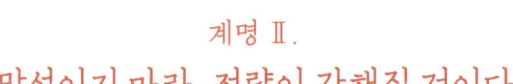

계명 Ⅱ.
망설이지 마라, 전략이 강해질 것이다

전략의 생명은 타이밍

H대학병원의 병원장은 컨설팅을 받아 암센터 설립을 비롯한 병원 발전전략을 수립하였다. 상급종합병원 지정을 받기에는 중증도가 현저히 낮아 암센터의 설립이 절실했던 상황이었다. 그럼에도 적자 상황에서 실패하면 부담이 크다는 주변의 우려가 적지 않았다. 망설이고 또 망설이며 시간을 흘려보냈다. 3년 후 그 병원에서 1km 떨어진 K의료원에서 암병원을 개원했다. H대학병원은 가뜩이나 많지도 않은 암환자마저 빼앗기면서 진료수익과 중증도는 더욱 떨어졌다.

B대학병원은 반대의 길을 걸었다. 병실이 부족하여 병원 증축 여부를 고민하던 병원장은 차로 10분 거리에 새로운 대형병원이 들어설 계획을 알게 되었다. 경쟁병원이 생기

면 주진료권의 환자가 분산되어 증축을 할 경우 오히려 경영이 더 어려워질 것이라는 우려가 많았다. 병상을 증축하지 말자는 의견이 다수였다. 하지만 저자는 다른 병원이 들어서기 전에 서둘러 증축하는 것이 경쟁에서 이기는 길이라고 제안했다. 신임 병원장은 암과 뇌신경 전문화를 통해 병원의 입지를 확고히 다지겠다며 신속한 증축을 결정했다. 병원을 증축하여 개원하자 경쟁병원이 고민에 빠지게 되었다. 계획했던 병상을 축소하는 것이 불가피했고 그마저도 건립 실행이 늦어져 B대학병원은 아무런 타격을 받지 않았다.

전략은 특정시점에서의 환경 변화와 추진 주체의 역량을 가늠한 뒤 이를 반영해 수립한다. 그래서 같은 전략도 실행 시점이 달라지면 그 전략의 유효성을 확신할 수 없게 된다. 병원이 전략을 수립하면 2년 내 주요전략의 60%를 실행해야 한다. 타이밍을 놓치게 되면 경쟁자가 먼저 선수를 칠 수도 있고 상황이 바뀌어 잘못된 의사결정이 될 수도 있다. 전략 수립과 실행의 타이밍을 미루면 비난도 비용도 줄일 수 있지만 탁월한 성과를 낼 수 있는 기회도 함께 줄어든다.

신중과 졸속의 차이

신중을 기하기 위해 의사결정을 주저하는 경우가 있다. '신중'과 '졸속'의 차이는 결정에 도달하는 시간의 길고 짧음이 아니라 필요한 검토를 제대로 했는지의 여부다. 짧은 시간에 한 결정이라도 필요한 분석과 검토를 마쳤다면 '신중한' 결정이라고 할 수 있다. 반면 해야 할 분석과 검토를 하지 않았다면 아무리 오래 고민해도 '신중한 결정'이 아니라 '졸속 결정'이다. 의사 결정 이전에 짚어야 할 사항 중 확인이 가능한 것들을 신속히 검토해야 한다. 그 후 확인할 수 없는 영역에 대해선 경영자의 감(感)을 믿고 결단해야 한다. 결정의 파급력이 클수록 불안해지는 것은 인지상정이다. 그 분야에 정통한 프로와 상의해 확신을 가져야 한다. 이러한 노력을 하지 않고 불확실성이 사라지기만을 기다리거나 고민만 하다 타이밍을 놓치는 일은 없어야 한다.

80%를 기다리면 이미 늦다

결혼을 두고 "해도 후회하고 안 해도 후회하니 그럴 바에야 차라리 하고 후회하는 편이 낫다"고들 말한다. 병원의 의사결정도 마찬가지다. 진퇴양난인 경우가 있다. 결단을 하자니 불안하고, 하지 않자니 우유부단해 보인다. 결단은 경영자의 숙명이지만 마주하는 현실은 결코 명쾌하거나 단순하지 않다. 그래서 '자료를 좀 더 모아보자', '좀 더 기다리며 지켜보자'는 말이 습관처럼 나오는 것이다. 결정이란 대부분 불확실한 상황에서 이루어지기 마련이고, 그 결정을 잘하는 것이 탁월한 병원장의 자질이다.

의사 결정에 따른 승산이 30%정도라면 결정의 타이밍이 너무 이르고, 80%라고 느낄 때는 이미 늦었다는 말이 있다. 50%내외의 가능성이 있을 때에는 더 이상 미루지 말고 결단해야 한다는 의미다. 결단력은 훈련을 통해서 길러진다. 감각적으로 결정을 잘 내리는 사람도 있지만, 다양한 상황에서 의사결정을 많이 해본 사람이 결단도 잘한다. 두려움 없이 적절한 시기에 결단하는 역량을 길러야 탁월한 병원장이 될 수 있다.

잘못된 결정일 때 하는 말씀, "철회합니다"

결단을 내리지 못하는 또 다른 이유는 잘못된 결정이 두렵기도 하지만 결정을 번복해야 하는 난처한 상황을 피하고 싶기 때문이다. 이는 괜한 걱정이다. 결정을 내린 후라도 번복해야 할 타당한 이유가 있다면 그 결정을 꼭 고집할 필요는 없다. 미처 고려하지 않은 정보를 알게 되었거나 상황이 바뀌었으면 새로운 결정을 하면 된다.

번복은 거짓말과 다르다. 구성원들의 시선이나 비판에 지나치게 얽매일 필요도 없다. 비난받을까봐 잘못된 의사결정을 고집하는 것은 일부 정치인이나 하는 것이지 경영자의 바른 모습이 아니다. 경영자는 자존심이나 자신의 고집으로 병원의 운명을 어렵게 해서는 안 된다. 정치는 여론이나 인기를 따라가지만, 구성원의 생각과 일시적으로 상충되더라도 조직의 미래에 도움이 되는 쪽으로 결정하는 것이 경영이다.

어느 대학의 총장은 간부회의를 비롯한 공식적인 회의에서도 자신의 판단이 잘못되었다고 생각할 땐, 머리를 숙이며 '철회합니다'를 크게 외친다. 주변의 사람들이 유쾌하게 웃고 분위기가 좋아진다. 잘못된 것을 알게 된 순간 깨끗이 인정할 수 있는 건 리더의 용기이자 능력이다.

계명 Ⅲ.
솔선수범하라, 구성원의 마음을 움직일 것이다

솔선수범의 모델이 되라

R병원장은 환자를 진심으로 위하는 의사였다. 진료성과도 세계적일 뿐만 아니라 환자와 환자가족에게 진심으로 다가가 많은 사람들이 그의 팬이 되었다. 엘리베이터에서 환자 이송을 하는 간호조무사가 어느 할머니로부터 R병원장에게 수술받기로 했다고 하는 이야기를 듣자 할머니께 정말 운이 좋다고 했다. 수술을 세계에서 최고로 잘하고 인품도 최고라고 칭찬하니 할머니의 얼굴은 한껏 밝아졌다.

그는 젊을 때부터 수술을 일찍 시작하고 진료시간과 회진시간을 준수했다. 병원을 위해서 헌신하면서도 생색을 내지 않는다. 발전기금에 대한 기부도 무기명으로 한다. 한 번은 다른 대학병원에서 좋은 조건으로 영입 제의가 들어왔다.

그의 부인은 옮기자고 했지만 그는 거절했다. 지금 근무하는 병원이 자신을 명의로 키워주었고, 병원 이름만 들어도 가슴이 뭉클할 때가 많은데 어디로 갈 수 있겠냐는 것이었다. 그는 후배든 직원이든 가리지 않고 인사를 먼저하고 존댓말을 한다. 그를 보면 직원들이 달려와 인사할 정도다. 그가 병원장이 되니 다른 의료진도 진료시간, 수술시간, 회진시간을 더 잘 지키고 더욱 친절해졌다.

대부분의 병원은 진료성과가 좋은 의사에게 병원장을 맡기는데, 이는 전문가 집단을 리드하기 위한 선택이라고 할 수 있다. 훌륭한 의사가 반드시 훌륭한 병원장이 되는 것은 아니다. 하지만 의사에게 의사로서의 모범을 보여줌으로써 구성원의 신뢰를 확보하여 병원을 잘 이끌 수 있는 측면이 있다. 이렇듯 병원장은 구성원의 롤모델이 되어야 한다. 또한 의사결정의 우선순위를 병원 발전에 두고 자신이 가진 역량을 모두 쏟아붓는 자세를 견지해야 한다.

병원장이 모범이 될 수 없다면 다른 사람에게는 어떠한 모범도 강요할 수 없다. 병원이 추구하는 핵심가치 관점에서 구성원들이 주저 않고 떠올리는 모델이 되어야 한다. 조직이 추구하는 행동양식의 첫 본보기가 되는 것은 리더의 가장 강력한 설득 자질이다.

리더의 언어는 행동이다

E병원은 연이은 사건사고로 병원의 명성이 계속 하락했다. 이에 의료원장은 병원의 전문화 전략을 추진하기로 했다. 하지만 낙후된 시설과 좁은 공간 때문에 난관에 부딪혔다. 이때 의료원장이 결단을 내렸다. 전망 좋은 의료원장실을 지하창고로 옮기겠다고 한 것이다. 보직자와 행정직들도 솔선수범하는 의료원장을 보고 기꺼이 동참했다. 병원 경영진과 행정직이 사용하던 공간이 전문병원과 전문건진센터로 변신했다. 불과 4개월 만에 준비를 마치고 개원하게 되었다.

병원장은 전하려는 메시지를 진심을 담아 행동으로 보여주어야 한다. 그리고 본인이 한 말은 반드시 지켜야 한다. 평소에 언행이 일치하지 않으면 구성원들은 말을 곧이곧대로 듣지 않는다. 솔선수범은 자신이 먼저 실천함으로써 다른 사람을 움직이는 힘이다. 자신의 집무실은 터무니없이 넓고, 제대로 활용하지 않는 병원장 전용회의실도 별도로 있는데 공간부족 문제를 해결한답시고 직원들이 사용하는 공간을 내놓으라고 한다면 이들의 마음이 움직일 리가 없다.

진정성은 말의 생명이다

G병원장은 직원들에게 '최고의 병원, 환자 감동'을 외친다. 하지만 정작 자신은 병원의 의료품질을 높이기 위한 모임에 참석하지 않고, 실천을 위한 구체적인 지시도 하지 않는다. 자신의 소속과에서 의료사고가 터져도 문제가 얼마나 심각한지 알아보고 대처하기보다는 사고를 낸 의사를 감싸기에 급급하다. 보직자 모임은 빠지면서 병원경영과 관련 없는 사교모임에 가는 것을 즐기고, 심지어 병원에 납품하는 협력업체 경영진에게 부당한 압력을 넣거나 공사 구분 없이 병원예산을 쓰기도 한다. 이사장에게는 비굴할 만큼 할 말을 못하면서 구성원들에겐 매우 고압적이다.

이런 병원장을 신뢰하는 구성원들은 거의 없다. 말과 행동이 다른 것은 업무에 혼선을 빚게 하고 상호불신의 원인이 된다. 결과를 미리 과장해서 말하지 말고 자신이 하고자 하는 바를 있는 그대로의 말과 행동으로 보여주면 된다. 병원에 대한 신념과 비전, 구성원에 대한 애정은 결국엔 병원장의 말과 행동으로 나타나기 마련이다. 병원장이 갖춰야 할 덕목으로 믿음과 사랑, 자기희생을 아무리 강조해도 부족하지 않다. 어린아이는 물론 집에서 기르는 동물도 자신을 사랑하는 사람의 느낌을 쉽게 알아차린다. 구성원들도 병원장이 자신들을 얼마나 아끼는지 그의 말과 행동으로 알아차릴 것이다.

병원장의 품격은 병원의 품격을 드러낸다

R종합병원의 이사장은 탁월한 진료역량과 강력한 추진력으로 여러 개의 병원을 세워 성공적인 확장을 해왔다. 하지만 역량도 없는 가족들이 병원경영에 점점 참여해 인사 전횡을 일삼고 과잉진료까지 유도했다. 세무나 자산증식 문제에서도 여러 가지 편법을 활용하기 좋아하고, 외부의 유력자를 활용하여 자신의 이익을 관철했다. 그러자 병원에서 대우를 잘 받고 있는 의료진조차 이사장의 행태에 실망하면서 하나둘씩 떠나기 시작했고 병원은 결국 정체상태에 빠졌다.

또 D대학병원의 병원장은 자신은 솔직하고 소탈한 사람이라 자처하는데 정작 남들은 무례한 사람이라고 평가한다. 직원들에게 반말을 하는 것은 예사이고 공식적인 회의에서 보직자에게 욕설을 한다. 직원은 물론 보직자에게 사적인 일을 시키기도 한다. 마음에 들지 않을 때는 술에 취해 저녁 늦게 전화하여 욕을 하는 경우도 많아 구성원들은 저녁에 걸려오는 병원장 전화는 받지 않는다. 외부인과 미팅할 때도 남의 말을 자르고, 분위기에 맞지 않는 농을 해서 함께 앉아 있는 구성원들이 민망할 정도다.

저자가 이런 병원장들에게 해주는 조언이 있다. "과거에는 좋은 직장이 별로 없어 직원들이 욕을 먹어도 참고 다녔다. 하지만 지금은 세상이 달라졌다. 능력 있는 직원은 어느 곳에도 갈 수 있다. 직원에게 욕을 하는 것은 병원장이 능력이 부족해 갈 곳 없는 직원들만 데리고 일하겠다고 표방하는 것과 같다."

병원장은 자신이 다소 차갑고 이기적이더라도 구성원을 위해 먼저 배려하고 행동하며 사회적 가치를 내세우는 모습을 '연출'이라도 해야 한다. 이는 결코 위선이 아니라 노력이고 성의표시다. 병원은 직종별, 업무별 전문가가 모여 있고 선후배가 함께 근무하는 곳이기 때문에 지위고하를 막론하고 예의를 갖추는 것이 특히 더 중요하다. 병원장이 경솔하게 행동하고, 경박한 언어를 구사하고, 타 직종을 무시하거나 인사를 나누지 않는 등 기본적인 매너가 없다면 구성원들도 오래지 않아 병원장의 습관을 닮아갈 것이다.

최소한의 매너가 없는 조직에서는 건강한 토론은 고사하고 일반적인 소통조차도 불가능하다. 안에서 존중받지 못하는 구성원들이 고객을 존중할 리 만무하다. 윗사람을 욕하면서 닮아가는 것이다. 경영진이 구성원에게 갑질을 하면, 구성원들은 자신이 갑의 위치에 있다고 여겨질 때 똑같은 행동을 하게 된다. 병원장의 품격은 경영진의 품격을 결정하고 경영진의 품격은 부서장, 나아가 병원 전반의 품격을 결정한다. 그래서 병원의 품격은 병원장의 품격을 넘어설 수 없다.

계명 IV.
먼저 다가가라, 우군이 늘어날 것이다

병원장이 편하면 병원이 불편하다

집안이 좋은 K교수는 엘리트 코스를 차근차근 밟아 모교의 병원장이 되었다. 궂은일이라고는 겪어본 적이 거의 없어서 힘들고 내키지 않는 일은 결코 하지 않는다. 누군가와 갈등관계에 있는 것이 부담스럽고, 아쉬운 소리를 못한다. 이사장이나 총장에게도 먼저 면담 신청을 하는 법이 없으며 이사들도 이사회 같은 공식 모임에서만 만난다. 지자체의 장을 만나 지원을 요청하는 것도 대부분 실무 담당자에게 맡기고 자신은 의전 차원에서 자리만 지키는 식이다. 그러면서 자신이 못해서 하지 않는 것이 아니라 그런 일은 할 필요도 없고 정도경영에 어긋난다고 둘러댄다.

그러니 큰 투자를 해야 하거나, 대외적인 협조를 받아야 하거나, 사건사고가 생겨도 도움을 요청할 사람이 없다. 무슨 일을 하려 해도 사사건건 이사회의 반대에 부딪혀서 보류되는 게 일상이었다.

관계 관리에 뛰어난 마당발 병원장이 있다. S대병원이 위탁 운영하는 시(市) 산하의 P병원은 S대병원의 교직원이 일부 파견근무하고, 예산의 일부는 지자체로부터 지원받는다. P병원에게는 시의 실무 담당 공무원은 물론 의사결정의 속도에 영향을 미치는 시의회와 대학병원·교실 내 시니어그룹, 노동조합 등 다양한 이해관계그룹이 있다. P병원의 병원장은 시청과 시의회의 고위직에서 실무담당자에 이르기까지 겸손함으로 협력적 관계를 유지하는 것으로 정평이 나 있다. 그들은 물론 그들의 가족, 또는 그들이 보낸 환자들을 각별히 살핀다. 그리고 수시로 진행 상황을 전화나 메시지, 카톡으로 알려주는 수고를 마다하지 않는다. 특별한 일이 없을 때도 식사를 같이 하고 자신의 애로사항에 대한 자문을 구하면서 인간적인 관계를 유지한다.

왜 그렇게까지 열심히 챙기느냐고 그에게 물은 적이 있다. "가정에 소홀해지고 술을 마시면서 건강을 해치고 싶은 사람이 누가 있느냐, 언젠가 병원에 도움 될 일이 있을 것이니 병원장으로서 당연히 해야 할 일을 하는 것"이라고 했다. 평소에 관계를 잘 유지해야 급할 때 대처할 수 있다는 것이다.

유능한 목수에게는 버릴 연장이 없다

취임 초에 병원장이 지시하면 모든 부서장이 지시에 따라 움직이는 모습이 눈에 들어온다. 안 되는 일이 없는 것처럼 보인다. 그러나 시간이 지남에 따라 허들이 하나둘씩 나타나고 기대했던 일들은 조금씩 지체된다. 안으로는 재단, 이사회, 대학, 의과대학, 교수협의회, 노동조합, 밖으로는 지자체, 교육부, 보건복지부 등 많은 이해집단과 다양한 관계로 얽혀있다는 것을 몸으로 느끼게 된다.

이런 조건에서는 아무리 탁월한 능력이 있어도 큰일을 혼자 해치우기 어렵다. 내 스타일에 맞지 않다고 배제하고, 자존심이 허락하지 않는다고 사람을 가리고, 교수로서 격에 맞지 않다고 해서 관계를 가리다가는 결정적인 순간에 쓸 수 있는 카드가 없게 된다. 자기의 취향과 사람 사귀는 스타일을 고집해서는 필요할 때 도움을 주는 사람을 찾기 쉽지 않다. 훌륭한 리더십은 좋은 사람들만으로 관계를 구축하는 것이 아니라 다양한 사람들과 좋은 관계를 만드는 것이다. 외국 속담에 '유능한 목수에게는 버릴 연장이 없다'고 하지 않는가.

핵심인사의 머리를 선점하라

중요한 사업을 추진할 때는 이사회, 재단의 핵심인사와 의논해 공감대를 형성해야 한다. 혹여 반대세력이 의사결정자들의 머리에 그들의 논리를 심어버리면 몇 배의 노력을 기울여도 이를 극복하기 어렵다. 사건, 사고 등 특정 이슈가 있을 때는 물론이고 이사, 재단 내 주요 보직자들과는 평소에 자주 소통할 기회를 가지는 것이 좋다. 특별한 이슈가 없을 때에도 병원의 발전계획이나 추진 경과를 자연스럽게 알리는 것이 좋다. 관계 관리를 하면서도 사업에 대한 명분과 타당성을 알려줄 수 있는 기회. 재단, 대학의 관계자들도 병원의 브랜드가 대학의 브랜드에 기여하는 바가 매우 크기 때문에 병원의 발전을 바란다. 그들에게 득이 될 수 있는 정보는 신속하게, 명쾌한 논리로 전달해 성과를 빨리 홍보할 수 있도록 알려주어야 한다.

개개인을 특별하게 대접해야

S병원의 병원장은 업무파악도 열심이고 직원에 대한 관심도 많았다. 직원 사진을 보면서 그 많은 직원들의 이름을 소리 내어 부르며 일일이 외웠다. 돌아가면서 부서별 고충을 들어주고 참모와 전문가의 소리에 진심으로 귀 기울였다. 술자리에서도 먼저 술을 따르고 안주를 건네주며 회식이 끝난 뒤에도 관심 있는 직원에게 격려하는 내용의 문자 메시지를 보내기도 했다. 뿐만 아니라 새로운 시도를 하겠다고 나서는 사람이면 누구나 특별한 문제가 없는 한 적극적으로 지원했다. 누가 시키지 않아도 구성원이 스스로 신이 나서 일하는 병원 분위기가 조성됐다.

병원장이 호출해 대화하는 것을 싫어하는 의사나 직원은 거의 없다. 병원장실 호출에 그치지 않고 비공식적인 자리에서의 만남도 좋다. 자연스런 이야기가 필요할 때는 집무실이 아니라 병원 밖에서 만나보라. 긴장이 풀려 대화가 더 잘 되고 직원들의 속마음을 더 잘 알게 될 것이다. 그런 병원장이 있는 조직이라면 구성원들은 다양한 정보뿐 아니라 끈끈한 애정까지 기꺼이 나누려 할 것이다. 특별대우를 받는 것은 누구에게나 기분 좋은 일이다.

어설픈 유머도 하는 게 낫다

대부분의 병원 분위기는 다소 무겁다. 의사는 매사에 진지한 경향이 있고 선후배가 함께 근무하기 때문에 말도 조심스럽다. 이성과 논리가 지배하는 곳에서 감성이 돋아난 한마디, 유머 한 자락은 참으로 강력한 힘을 발휘한다. 논리를 앞세우기보다 때로는 감성적 접근을 해보라. 회의를 시작할 때도 참석자 개인의 안부를 묻거나 유머로 분위기를 부드럽게 시작하는 것이 좋다. 병원장이 썰렁한 농담을 하면 억지로 웃어주어야 해서 힘들다고도 한다. 하지만 이런 말에 위축되지 말고 자신만의 스타일로 분위기를 부드럽게 만드는 방법을 찾아보자. 각종 행사나 회의 등 어느 자리에서든 좋은 분위기를 조성하고자 하는 병원장의 마음은 전체 구성원에게 고스란히 전달된다.

계명 V.
공정하라, 저항이 적을 것이다

공사를 구분하라

어느 대학병원의 병원장은 물품을 구매할 때 지인과 관계된 조직과 계약을 하도록 유도했다. 그런데 병원장이 추천하는 사람이나 조직이 모두 병원장의 종교나 지인과 관련돼 있다는 것을 많은 구성원이 결국 알게 되었다. 그는 모든 일의 우선순위를 병원이 아니라 자신에게 뒀다. 오래지 않아 그는 매우 불명예스럽게 퇴진하게 되었다. 실패하는 병원장은 장비를 구매할 때나 의료진을 충원할 때 자신의 진료과를 최우선 순위에 둔다. 성과급 제도를 도입할 때도 자신이 속한 진료과나 자신에게 유리한 구조를 고집한다. 구매를 비롯한 다양한 의사결정에서 학연이나 지연 관계가 있는 사람들의 이해를 반영하고, 심지어 부정적인 방법으로 금전적인 혜택을 받는 경우도 있다.

병원에는 많은 눈들이 병원장을 지켜보고 있다. 과거에는 문제되지 않았던 관행도 지금은 심각한 불법행위가 되기도 한다. 부정청탁 및 금품 등 수수의 금지에 관한 법률(김영란법)이나 양성평등기본법, 부패방지 및 국민권익위원회의 설치와 운영에 관한 법률(부패방지법) 등으로 인하여 준법의 기준과 처벌규정이 매우 엄격해졌다. 불법행위를 고발하면 내부고발자를 보호해주고 추징금액의 일부를 포상금으로 준다. 불법행위가 있으면 언젠가는 알려진다. 이런 상황에서는 병원장이나 병원이 구성원에게 항상 약점이 잡혀 있을 수밖에 없다. 이 순간부터 병원장과 병원은 '을'이 되고 만다. 그 대가도 언젠가는 지불하게 된다.

동문을 챙기면 동문의 대표가 될 뿐

A대는 의대 설립 초창기에 대학병원의 기본 시스템을 갖추기 위하여 유명 S대와 Y대 출신을 대거 영입하였다. S대와 Y대 출신이 개원 초기에 기초를 다지는데 기여한 것은 사실이지만 얼마 지나지 않아 출신 간 갈등이 표출되기 시작했다. 병원장이 바뀔 때마다 보직인사는 보이지 않는 화약고였다. A대 출신 교원의 대다수는 S대와 Y대의 경합을 오

랫동안 지켜보며 본교 출신 교원이 병원장이 되어야 갈등을 해소할 수 있다고 주장하였다. 그 염원대로 A대 출신 교원이 병원장이 되면서 S대와 Y대의 충돌은 많이 사라졌다. 그러나 이번엔 A대 출신과 타교 출신의 갈등으로 전환되었고 A대 출신 내 선후배간 갈등이 새롭게 불거졌다.

어느 대학병원의 병원장은 자신의 동문 내 같은 종교를 가진 사람만을 각종 보직에 등용했다. 주변의 반대가 있었으나 오랫동안 아는 사이라 소통이 잘 된다며 강행하였다. 친한 사람 중심의 인선은 몇몇 사건을 겪으며 자충수로 돌아왔다. 같은 종교를 가진 사람을 조금만 칭찬하거나 관심을 보이면 '자기 사람들 편애'로 인식되었다. 문제되는 행위에 대한 책임을 물어도 그 책임이 약하다며 '제 식구 감싸기'라는 비판이 나오고, 오히려 측근들은 그들대로 적극적으로 보호해주지 않는다며 불만이었다. 반대편에 있던 구성원들은 물론 같은 종교, 동문 중에서 소외된 이들에게도 마음을 잃는 결과를 가져왔다. 이 병원장이 임기 내내 힘든 시간을 보낸 것은 두말할 것도 없다.

병원의 규모가 커질수록 병원 구성원들의 친소관계에 따

라 주로 교류하는 그룹이 생길 가능성이 크다. 내 편, 네 편이 자연스럽게 나뉜다. 그 기준이 학연, 지연, 종교, 취미 등이 될 수 있다. 편을 가르는 행위는 대부분 비난의 소지가 있다. 특히 경영자가 그렇게 하는 것은 마시는 물에 독을 푸는 것과 같다. 병원 내 다수의 그룹 간 경합은 건전한 경쟁이 될 수도 있으나 서로 다른 '라인' 간 소모적인 갈등이 될 수도 있다. 오늘날 우리나라 대학병원의 현실은 전자보다 후자에 가까운 경우가 대부분이다. 심리학에서 편 가르기는 불안에 대한 심리적 방어 기제라고도 하고, 연약함의 또 다른 표현이라고도 한다. 복잡다단한 병원경영의 이슈를 홀로 외롭게 고민하는 것보다 분야별로 전문성을 갖춘 구성원들과 의견을 나누는 것은 병원장이 당연히 해야 할 일이다.

하지만 내 편의 결속을 다지기 위한 '편 가르기'는 경계해야 한다. 다양한 직종의 협업을 근간으로 하는 병원은 내 편만으로 운영될 수 없을뿐더러 편을 가를 경우 상대편의 저항만 키우는 꼴이 되어 또 다른 긴장 상태를 만들기 때문이다. 본인 소속과와 그 외 진료과, 전임 병원장의 사람과 내 사람, 의사직과 일반직을 나누는 프레임이 대표적인 사례다.

역차별의 의사결정을 하라

이왕이면 같은 과, 같은 직종, 가까이 일해 본 경험이 있는 사람에게 중책을 맡기는 게 낫지 않느냐고 반문할 수 있다. 그러나 병원은 편애하는 일부 사람만으로 돌아가지 않는다. 의사직 이외에 간호직, 보건직 등 의료인들이 필요하고 나아가 이들을 지원하기 위한 원무직, 사무직, 전산직, 시설직 등 다양한 분야의 전문가들이 필수적이다. 병원장과 다른 진료과 출신 의사들을 비롯해 아직 함께 일해보지 못한 이들이 병원 구성원의 절대 다수이기에 학연, 지연, 종교, 친분 등을 기준으로 일부만을 챙기면 그 이외 대다수 구성원들의 마음을 잃게 될 것이다.

차별을 하려면 오히려 다른 편에게 더 좋은 의사결정을 하는 게 낫다. 손해를 본 사람들은 내 편이기에 다시 관계를 복구할 수 있는 기회가 있다. 이익을 받은 반대편 사람들은 특별한 배려를 받았다고 생각하여 협조적인 태도로 돌아설 수 있다. 중립적인 위치에 있는 구성원에게는 역차별의 의사결정으로 병원장이 개인적인 이해관계에 얽매이지 않는다는 사실이 전달된다. 약점을 강점으로 바꾸는 전략이 더욱 강력하듯이 뜻밖의 우군이 더 큰 역할을 한다.

반대자를 미워하지 마라

병원장은 이유 없이 비난의 대상이 되기도 한다. 병원장과 생각이 다르다고 하면서 직접적으로 비판하는 선배교수도 있고, 병원장 선임 시에 경쟁자였던 교수나 그를 따르는 사람들이 공개적으로 공격하거나 납득하기 어려운 이유를 들며 정책에 반대하기도 한다. 칭찬을 받을 때보다 비판에 대응하는 자세가 더 중요하다. 구성원이 반대 의견을 말해도 충분히 존중하면서 경청해야 한다. 또 적절한 해명은 하되 논쟁으로 비화되기 전에 적절한 선에서 마무리하는 것이 좋다.

악의적으로 비판하는 사람과 함께 일하는 것은 참으로 어렵다. 논리도 없고, 명분도 없이 '그냥 밉다'는 사람에 대해서는 대책이 없다. 그런데 이런 사람들은 정도만 조금씩 다를 뿐 어디에나 있기 마련이다. 있는 그대로 받아들이겠다는 마음가짐으로 미워하는 감정보다 정책을 반대하는 입장을 직시하는 데 집중하면 마음을 추스르는 데 도움이 된다.

계명 Ⅵ.
조직과 시스템으로 일하라, 체질이 강화될 것이다

"회장님 허락 받으셨나요?"

다수의 의료관련 계열사를 거느린 그룹 산하 병원장으로 부임한 A원장은 취임 초기에 병원을 둘러보다가 눈에 띄게 낡은 강당의 커튼을 발견하였다. 구성원들이 모이는 공간의 분위기를 바꿔보려고 커튼을 교체하라는 지시를 했다가 실무 부서장의 답을 듣고서는 이내 맥이 풀려버렸다.

"회장님 허락 받으셨나요?"

이 병원 구성원들은 회장의 지시만 기다리고 병원장의 말을 듣지 않는다. 이런 상황에서 아무리 유능한 병원장이 와도 그는 제 기량을 발휘할 수가 없다. 독선적인 병원장이 다른 보직자에게 권한을 위임하지 않고 모든 것을 자신이 결정하는 경우도 마찬가지 현상이 나타난다. 최고경영자가 자리를 비워도 일상적인 의사결정이 이루어지고 병원은 정상적으로 돌아가야 한다. 이는 시스템이 있어야 가능한 것이어서 '시스템 경영'이라고 한다. 의사결정, 인재육성, 성과관리, 의료품질관리, 병원정보 등과 관련한 제도가 유기적으로 연결되어 원활히 작동해야 한다.

뛰어난 리더가 시스템의 공백을 메울 수는 있지만, 그가 없어지면 어이없는 사고가 일어나고 과거의 성과도 모래성처럼 무너질 수 있다. 시스템이 구축된 조직도 독단적인 리더로 인해 시스템이 무력화되기도 한다. 홀로 '북 치고 장구 치는' 최고경영자는 시스템이 작동하거나 진화하는 것을 저해하고 인재육성까지 어렵게 할 수 있다. 경영자가 직접 나서 시시콜콜한 의사결정부터 대외관계까지 챙기는데 어느 누가 병원장이 자임한 일을 대신 하겠다고 나서겠는가? 그가 동분서주하는 동안 시스템은 멈춰있고 구성원들은 홀로 분주한 경영자의 활동상을 숨죽이며 지켜볼 뿐이다.

개인기는 시스템을 허문다

어느 기관의 B병원장은 매우 저돌적인 성격으로 기관의 태동에서부터 설립 이후까지 숱한 성과를 냈다. 의료진 영입도 혼자 알아서 협상하고 결정했다. 자신이 만든 제안서와 화려한 인맥을 활용하여 정부의 막대한 예산을 받아왔다. 그는 실무자들이 무능하여 보탬이 되지 않는다며 개인적인 인맥을 동원하여 일을 추진했다. 예산은 받았지만 실무자들은 어떻게 일을 추진할 지 난감했다. 예산을 받는 과정에서 별다른 역할도 하지 않아서 아무런 정보도 듣지 못했기 때문이다. 그의 개인기 덕택에 재임기간 중에는 병원이 잘 돌아가는 것처럼 보였다. 하지만 그가 퇴임한 이후 제대로 돌아가는 일이 없다.

비상한 두뇌에 풍부한 보직경험까지 겸비한 원장들이 흔히 저지르는 실수가 있다. '급발진' 또는 '급회전' 식의 의사결정이다. 워낙 출중하다보니 머릿속의 계산과 검토, 판단을 실무자에게 일일이 다 설명하지 않는다. 그리고 자신이 일을 저질러 버린다. 그러곤 결론만 알려주니 구성원들은 급발진과 급회전으로 인식하는 것이다. 이와 같은 '급발진'과 '급회전' 식의 의사결정 역시 시스템을 무력하게 만들고 구성원들이 스스로 움직이기를 꺼리게 만든다. 인치(人治)는 선진(先秦) 때 유가(儒家)의 정치사상이다. 군주(君主)가 현재(賢才; 재주와 지혜가 뛰어난 인물)에 의거하여 나라를 다스려야 한다는 것을 의미한다. 영어로는 'Rule of man'인데 이는 다른 말로 'Absence of rule and law' 즉 '법과 제도의 부재'다. 사람에 의존하는 통치는 제도의 부재로 귀결되듯이 1인에 의존하는 경영은 시스템의 실종으로 이어질 수 있다.

규모가 작을 때는 병원장의 개인기에 의존하는 '인치'를 해도 별 문제가 없지만, 규모가 커지면 경영자의 손길이 닿지 않는 곳이 늘어나 필연적으로 많은 문제가 발생한다. 경영자는 해외 출장이나 대외활동으로 갑자기 자리를 비울 수 있다. 건강 등 일신상의 이유로 갑자기 새로운 경영자로 교체될 수도 있다. 시스템이 갖춰져 있지 않은데 이런 사태가 생기면 주요 결정과 사업이 멈춰서는 것은 물론 일상적인 업무도 지연될 수밖에 없다. 특히 상황에 따른 위기 대처 능력이 부족해 사고가 발생하면 어이없는 실책이 속출하곤 한다.

경영자는 당장 발생한 이슈를 해결하는 것보다는 지속가능한 발전을 위한 체질을 갖추는 데 더 큰 관심을 기울여야 한다. 그렇게 하려면 경영의 인프라인 시스템을 구축해야 한다. 시스템이란 업무 담당자가 바뀌어도 특정 목적을 위해 일관된 체계로 움직이게 하는 것이다. 시스템이 잘 갖추어져 있으면 병원장이 특별히 지시하지 않아도 정해진 절차에 의해 대부분의 업무가 정상적으로 수행된다. 즉 시스템을 갖춘다는 것은 구성원들이 자신이 맡은 일에 대해서 자율적으로 고민하고 해결할 수 있는 환경이 구비됐다는 것을 의미한다. 그렇게 되면 병원장은 일상적이고 반복적인 업무에서 해방되어 대규모 투자와 같은 전략적 분야나 여러 분야에 걸쳐 있는 복잡한 문제 그리고 예외적, 돌발적 상황에 역량과 시간을 집중할 수 있게 된다.

시스템의 혁신은 재건축이 아니라 리모델링하는 것

시스템은 구축하려면 많은 자원과 오랜 시간이 걸리지만 그것이 파괴되는 것은 한순간이다. 실제로 병원 현장에서는 이런 끔찍한 일이 가끔 벌어지기도 한다. 그래서 신임 경영자는 전임 경영자가 구축한 시스템과 기본적으로 준수해온 원칙을 일단은 존중해야 한다. 물론 시스템은 장비와 같이 한번 설치하면 계속 그대로 사용할 수 있는 것이 아니다. 조직이 성장하고 경영 환경이 바뀌면 시스템도 그에 따라 진화해야 한다. 그런 변화를 담아내지 못하면 시스템은 오히려 조직의 발전을 저해하는 장애가 될 수 있다. 그렇더라도 신임 병원장은 기존 시스템을 바탕으로 새롭게 탈바꿈시켜 가야 한다. 시스템의 혁신은 건물을 일거에 허물어 새로 짓는 재건축이라기보다는 리모델링에 더 가깝기 때문이다.

시스템의 기본원리는 권한과 책임의 균형

해야 할 일은 있는데 권한이 없으면 그 일을 진척시킬 수 없다. 할 일은 없는데 권한이 있으면 횡포를 저지르는 권력이 될 수 있다. 책임과 보상, 의무와 권리는 성과를 내는데 필요한 양대 축이다. 책임과 의무만 존재하면 처음에야 일하지만 나중에는 일하는 시늉만 하게 되고, 보상과 권리만 존재하면 병원은 단물만 빨아먹으려는 사람들로 넘치게 된다.

책임과 보상, 의무와 권리가 균형적으로 작동할 때 가장 강력한 효과를 낼 수 있다. 임무를 맡길 때는 적절한 권한을 같이 주고 그 권한의 크기는 맡은 일의 중요도에 비례해야 한다. 그러나 임무를 맡기면서 처음부터 예산권과 인사권과 같은 주요한 권한을 허용하기란 쉽지 않다. 병원장이라 해도 부서장들에게 줄 수 있는 예산과 인사의 범위는 제한적일 수밖에 없다. 사람을 뽑거나 배치하고 예산을 책정하거나 집행하는 것만이 권한이 아니다. 병원장이 행사할 수 있는 '넓은 권한'을 활용해보자. 병원장이 가진 정보를 공유하는 것, 경영자에게 직접 보고할 수 있게 하는 것, 특히 당해 임무를 맡은 보직자나 부서장의 의견이나 제안을 먼저 경청하고 논의하는 것 자체가 일을 추진하는 실무자에게는 권한을 공유하거나 위임 받은 것으로 인식된다.

계명 Ⅶ.
집요하게 성과를 챙겨라, 역사에 남을 것이다

"오티스 할아버지가 와도 안 됩니다"

어느 대학병원의 편의시설을 비롯한 전면적 리모델링 계획 수립 프로젝트를 수행할 때였다. 증축이나 리모델링을 할 때는 시대의 변화를 고려해야 한다. 과거에는 정문 하나를 만들고 다른 출입구는 최소화했다. 노숙자가 로비에 들어와 자기도 하고 사건사고로 인해 불청객이 갑자기 병원으로 밀고 들어오곤 했기 때문이다. 냉난방 설비가 좋지 않던 시절이어서 문이 많으면 온도조절에 어려움을 겪기도 했다.

하지만 시대가 바뀌었다. 노숙자 등을 문의 위치나 크기로 통제해야 할 필요가 적어졌고 냉난방 기술은 발전했다. 이제 로비는 병원의 이미지를 결정하는 공간으로 인식되어야 한다. 출입통제 중심에서 접근성과 공간활용도 중심으로 시각이 전환되어야 한다. 밖에서 여러 개의 문을 통해 쉽게 병원에 출입함으로써 공간을 넓게 사용하고 쾌적한 느낌을 주어야 한다.

그래서 저자의 회사가 제시한 안은 이렇다. 1층 정문을 중심으로 좌우측면 전부를 편의시설로 배치하여 접근을 용이하게 하고, 정문 입구에서 바로 보이는 곳에 에스컬레이터를 설치하고자 했다. 하지만 실무자들은 1층에 편의시설을 많이 두는 것은 병원답지 않다며 반대를 했다. 특히 에스컬레이터를 설치하려는 공간 아래쪽에는 전기배선 등이 많아 설치가 기술적으로 어렵다며 로비에서 잘 보이지 않는 구석자리에 설치해야 한다고 주장했다. 요즘은 기술이 좋아져서 기술적으로 안 되는 것이 별로 없다. 다만 비용이 얼마나 더 드느냐가 문제일 뿐이다. 적절한 시설이 적절한 위치에 설치되지 않으면 안하느니만 못하다. 그래서 에스컬레이터를 애초에 제안한 정면 자리에 반드시 설치해야 한다고 했더니 "오티스(에스컬레이터 제조업체) 할아버지가 와도 안 된다"며 결사반대했다.

하지만 병원 경영진과 승강기 전문업체와 협의하여 에스컬레이터는 결국 당초 제안한 위치에 설치했다. 또한 1층에 커피숍, 베이커리, 선물센터 등 편의시설이 들어서면서 로비에 커피와 빵 냄새가 나고 분위기가 좋아졌을 뿐 아니라 편의사업 수익도 크게 늘어났다. 정면에 놓인 에스컬레이터는 보기에 시원스러워 환자들도 병원 분위기가 달라졌다며 반겼다.

새로운 시도에 반대부터 하고 보는 사람이 적지 않다. 경영은 방향성과 목표가 정해지면 안 되는 이유를 찾는 데는 선수들인 사람들이 쳐놓은 장벽을 뚫고 어떻게든 되게 하는 방법을 찾는 게임이다. 태클하는 상대 수비수 때문에 골을 못 넣었다고 말하는 사람은 결코 세계적인 축구스타가 될 수 없다.

남을 설득하기 전에 스스로 확신하라
현실적이라는 명분을 가진 고만고만한 전략은 실행하기 쉬울 순 있지만 실현되어도 큰 성과가 없기 십상이다. 반면, 여러 난관이 예상되는 혁신적인 전략일수록 실행하긴 어렵지만 실현되면 높은 성과가 나타난다. 엘리오의 경험에 따르면 불가능하다는 평을 받았던 담대한 제안조차도 이루어지지 않은 경우는 거의 없었다. 한 의료원은 운영 중인 두 개의 병원을 통합했는데, 의료계 특성상 인력 구조조정을 할 수 없어 수백억 원의 적자가 예상되었다. 엘리오의 제안을 수용한 그 의료원은 우려와 달리 통합 원년에 흑자를 올리며 회생의 길로 들어섰다. 더욱 담대한 제안이 있었다. 2,000억 원의 매출액을 올리고 있는 병원에게 약 2,500억 원이나 되는 토지·건물을 매입하라고 제안했다. 불가능할 것 같았던 제안이 4년이 안 돼 현실이 되었고 장기적인 발전을 위한 확고한 토대를 마련하게 되었다.

당시에 이를 추진한 병원장들은 많은 반발을 겪었지만 결국 이겨냈다. 이처럼 병원장이 확신하지 않으면 다른 사람들의 비판과 저항을 이길 수 없다. 망설여질 때는 전문기관의 의견을 들어 확신을 가지고 추진해야 한다. 전문기관은 전략적 대안을 도출한 뒤 이를 선택해야 하는 이유와 근거, 국내외 사례, 논리, 구성원의 의견을 종합하여 해법을 제시할 것이다.

결과를 의심하면 이미 실패한 것이다

지방 J국립대학병원의 병원장은 임기 말에 성과급을 도입하였다. 병원장 주위에선 임기 초에 추진해도 성공할 가능성이 낮은데 임기가 채 1년도 남지 않은 시점에 추진하는 것은 실패할 수밖에 없다고 말하는 이들이 많았다. 특히 대다수의 원로교수와 특정 진료과 구성원들이 격하게 반발하였다.

하지만 그는 설명회와 의견수렴 과정을 거치고, 반발하는 원로교수를 찾아가서 설득하는 등 할 수 있는 모든 방법을 동원했다. 이 과정에서 그는 각종 비난을 다 들었고 병원장과 뜻을 함께했던 주요 보직자들도 일시적으로 마음이 흔들렸지만 결국 정해진 일정에 성과급 제도를 시행했다. 시행 후 3개월 정도는 반발이 여전히 거셌지만 6개월이 넘어서자 안정되기 시작했다. 시행 직후 성과급과 연계된 경영지표의 실적이 기대 이상으로 나타나기 시작했고 연말에는 더 높은 성과를 내었다. 이렇게 할 수 있었던 것은 면밀한 분석과 시뮬레이션을 하고 다른 대학병원의 사례 등을 확인한 후 성공에 대한 확신이 있었기 때문이다.

한번 결정한 것은 신속하게 실행하고 그 결정은 좋은 결과로 이어질 것이라고 믿어라. 의심은 금물이다. 의사결정이 불확실한 상황에서는 항상 자신부터 믿어야 한다. 쉽다고 여긴 일이 예상과 달리 어긋나고, 불가능하다던 일이 현실이 되는 것이 비일비재한 게 경영의 세상이다. 결정했으면 믿어야 한다. 동일한 결정이라도 병원장이 어떤 마음으로, 얼마나 치밀하게 추진하느냐에 따라 성패가 갈린다. 경영은 불길한 예감과의 전쟁이다. 이 전쟁에서 이기는 강력한 도구 중 하나가 '가속'이고, 가속의 원동력은 성과에 대한 '확신'이다.

정교하게 추진하고 끝까지 챙겨야

중소병원 경영자가 가장 많이 하는 고민 중에 하나는 간호사 수급 문제다. 이는 지방으로 갈수록 더 심화되는 경향이 있다. 과거에는 의사가 없어서 병상을 줄였는데 이제는 간호사가 없어서 병상을 줄이고 있는 현실이다. 이렇게 되면 환자가 넘쳐도 진료수익은 줄어들 수밖에 없다.

이런 심각한 상황에 처해도 병원장들은 간호부장에게 간호사를 구하라는 명(命)만 내려놓고 기다린다. 간호부장은 공고를 내는 걸로 자신의 임무를 완수했다고 생각한다. 한 달이 지나도 해결이 되지 않는다. 병원장이 하는 일은 불호령과 질책뿐이다. 이렇게 해서는 답이 없다.

남들과 똑같은 방식으로 일하면 결과는 달라질 게 없다. 간호사들이 더 신나게 일할 수 있는 분위기와 처우를 만들어 그들이 스스로 찾아오게 할 방법을 찾아내야 한다. 간호사의 기숙사, 수당, 교육기회 등 다양한 것을 통합적으로 설계하여 제시하여야 하는데, 이는 예산이 많이 투입되는 것이라 간호부장이 할 수 있는 일이 아니다.

어떤 것은 병원장의 결단이 필요하고 어떤 것은 정교한 경영기법이 필요하다. 직무의 난이도를 고려하여 차등화된 직무수당을 설계하고 처우개선에 소요되는 예산을 예측해야 한다.

만약 중환자실 간호사의 업무가 힘들다고 이들의 수당을 올려준다면 그들은 좋아하지만 다른 간호사들은 불만이 커지게 된다. 그 불만을 달래려고 다른 부서 간호사의 수당을 올리면 이번엔 중환자실 간호사들이 고생은 더하는데 똑같이 받는다며 불만을 제기할 것이다. 이렇게 되면 업무의 난이도에 따른 차별적인 보상은 없어진 채 전반적인 급여수준만 올라가게 된다.

이럴 때 필요한 것은 먼저 간호사를 대상으로 부서와 업무별 상대가치를 파악할 수 있는 직무조사를 해야 한다. 난이도가 높고 업무량이 많다고 인정받는 사람들이 상대적으로 더 많이 보상받는 방식을 설계한다. 그러면 기본급 상승을 최소화하고 부서와 직무의 가치에 따른 합리적인 직무수당 제도를 운영할 수 있게 된다.

간호사들의 의견을 수렴하여 만들어진 상대가치이기 때문에 수용도가 매우 높다. 이로 인해 병원 내 간호사의 만족도가 올라가고 간호사 채용이 용이해진다.

요즘 가장 고민을 많이 하고 있는 의사, 간호사 수급과 같이 중요하고 고질적인 문제일수록 실무자 한 두 사람만의 노력으로는 될 수 없는 것들이 많다. 병원장이 문제의 핵심을 파악하고 정교한 해법을 마련한 후 실행이 되는지를 챙겨야 한다. 중요한 일이 추진되지 않거나 기대한 성과가 나오지 않을 때는 병원장이 해결사가 되어 끝내 성과를 쟁취해야 한다.

계명을 지켜야 할 때와 그렇지 않을 때

경영은 인생과 마찬가지로 선택의 연속이다. 의사결정을 잘하는 사람이 훌륭한 경영자다. 성경을 많이 읽어도 그 중심에 있는 사랑의 마음을 실천하지 않는다면 성경의 가르침을 온전히 행하는 것으로 보기 어렵다. 많은 것을 잘하고 싶을수록 자신 앞에 주어진 것부터 잘하고, 가장 기본적인 원칙을 지키려는 노력이 필요하다. 병원경영에서 가장 중요하다고 생각하는 7가지를 '하라마라' 형식으로 담았다. 물론 경영도 예외적인 상황이 있다. 그때는 계명과는 다른 행동을 해야 할지도 모른다. 하지만 그것은 말 그대로 예외다. 예외라고 판단될 땐 세 번을 다시 생각해보고 계명과 달리 결정해도 좋다. 하지만 그런 경우에도 대부분은 계명을 따랐을 때가 더 좋은 결과로 이어졌다는 것이 엘리오의 경험이다.

"배움은 질문에서 시작된다"

🜂 나 또는 우리병원 병원장의

▸ **전임자에 대한 입장은 어떤 편인가?**

전임자의 성과를 　 1 2 3 4 5 6 7 　 전임자 성과를
부정한다 　　　　　　　　　　　　 승계·발전시킨다

▸ **의사결정의 속도는 어떤 편인가?**

의사결정을 　　　 1 2 3 4 5 6 7 　 적절한 타이밍에
망설인다 　　　　　　　　　　　　 결단을 한다

▸ **나와 남에 대한 태도는 어떤 편인가?**

남에게 엄격하고 　 1 2 3 4 5 6 7 　 개인적인 불이익을
나에게 관대하다 　　　　　　　　　　 감내하고 앞장선다

▸ **사람 관계는 어떤 편인가?**

대접받기를 　　　 1 2 3 4 5 6 7 　 다른 사람에게
기다린다 　　　　　　　　　　　　 먼저 다가간다

▸ **사람을 대하는 태도는 어떠한가?**

특정인을 　　　　 1 2 3 4 5 6 7 　 구성원들을
차별 또는 편애한다 　　　　　　　　 공정하게 대한다

▸ **일하는 방식은 어떤 편인가?**

개인플레이를 한다 1 2 3 4 5 6 7 　 조직과 시스템을
　　　　　　　　　　　　　　　　　　 활용한다

▸ **업무를 마무리하는 능력은 어떤 편인가?**

일을 벌이기만 한다 1 2 3 4 5 6 7 　 끝까지 챙겨서
　　　　　　　　　　　　　　　　　　 성과를 이룬다

준비를 하지 않는 것은 실패를 준비하는 것이다

『Benjamin Franklin』

탁월한 병원장의 경영 로드맵

동네축구에서 벗어나는 법

사건사고는 병원의 일상

2~3년에 불과한 병원장들의 짧은 임기 그리고 연임이 쉽지 않은 구조가 병원경영에 얼마나 큰 장애인지는 아무리 강조해도 지나치지 않다. 짧은 임기 중에 한두 번이라도 좌고우면(左顧右眄)하거나 시행착오를 겪으면 어느덧 임기 말을 맞게 된다. 웬만큼 큰 조직에서는 2년 만에 할 수 있는 혁신은 없다. 그런데도 사립대병원장은 대부분 임기가 2년이다. 1년 반이 지나면 시끄러울 일은 벌이지 않고 인기에 영합하는 이벤트로 시간을 허비하곤 한다. 재임을 해도 1년이 지나면 병원 구성원들은 다음 병원장이 누가 될 것인지에 대해 관심을 쏟게 된다. 레임덕이 시작되는 것이다. 그래서 2년 임기의 병원장은 4년을 재직해도 실제로 일하는 시간은 2년이 채 되지 않는다. 2년 임기의 병원장 제도는 사라져야 한다.

병원은 사건·사고가 많다. 보건복지부 인증·실사, 코로나·메르스·사스와 같은 감염병, 태움으로 인한 자살사건, 의료사고로 인한 분쟁, 리베이트와 같은 구성원의 일탈 등등. 연중 한 두 번은 일어날 법한 이런 사건사고에 휩쓸려 다니다보면 1년이 훌쩍 지나간다. 부임 후 6개월은 적응한다고 지나가고 1년에 몇 개월은 사건·사고를 수습한다고 보낸다. 그러다보면 임기 말이 되면서 그동안 뭐했나 하는 회의가 몰려든다.

각자의 포지션을 지켜야 미래가 있어

병원장을 비롯한 모든 보직자가 수시로 일어나는 사건사고에 몰려다니면 중장기적 과제는 누구의 관심도 받지 못하고 숙원과제로 남게 된다. 이것이 병원에서 획기적인 혁신사례가 나오지 않는 이유이기도 하다. 마치 아무런 전략도 없이 모든 선수가 공만 쫓아 몰려다니다 결국 어이없이 골을 먹고 마는 동네축구와 같다.

동네축구를 벗어나려면 전략과제와 로드맵을 설정하고, 각 담당자가 역할 분담을 하고, 무슨 일이 있어도 자신이 해야 할 일은 끝까지 마무리를 지어야 한다. 병원장은 일상적으로 일어나는 사건사고에 대한 관여를 최소화하고 담당자별 전략과제가 차질 없이 진행되도록 총괄 지휘해야 한다. 하루하루를 그냥 열심히 보내는 것이 아니라 임기 내에 이루어야 할 목표를 설정하고 각 시기별로 무엇을 누구에게 맡길 것인지를 구상해야 한다. 다만 병원마다 역량이나 처한 현실이 매우 다르다.

- 적자가 누적되어 생존이 위태로운 병원이 있고,
  지속적으로 흑자를 내어 투자여력이 많은 병원이 있다.

- 경영진에 대한 불신이 큰 병원이 있고,
  경영진을 굳건히 신뢰하는 병원이 있다.

- 늘 망설이며 별다른 시도를 하지 않는 병원이 있고,
  무엇이든 덤비듯 변화를 시도하려는 병원이 있다.

- 병원장이 아무것도 할 수 없는 병원이 있고,
  병원장이 모든 권한을 가진 병원이 있다.

- 부정적인 이미지를 가진 병원이 있고,
  강력한 브랜드를 가진 병원이 있다.

- 재건축해야 할 만큼 낙후된 병원이 있고,
  새롭게 개원하여 쾌적한 병원이 있다.

이와 같이 병원이 처한 상황이 다르면 해야 할 전략과제도, 과제 간의 우선순위도 달라져야 한다.

병원의 성장단계에서 가장 중요한 일에 집중해야

어떤 일에서도 타이밍은 생명이다. 한 푼이라도 아껴서 투자여력을 마련해야 할 때가 있고, 돈을 과감하게 써야 할 때가 있다. 내실을 기해야 할 때가 있고, 확장해야 할 때가 있다. 그래서 시기와 상황을 두루 감안해 필요한 일을 정의하고 임무를 완성하는 것이 필요하다. 같은 병원이더라도 시점에 따라 전략이 완전히 달라질 수도 있다. 대표적으로는 연세의료원을 들 수 있겠다. 한동관 의료원장은 이익을 많이 내어 새 병원 건립을 위한 자금을 마련하는 데 집중하였고, 강진경 의료원장은 강력한 추진력으로 새 병원 건립이 일정에 맞춰 차질 없이 추진되도록 하는 관리 역량을 보였다. 바통을 이어받은 지훈상 의료원장은 장기플랜을 만들고 각종 리모델링과 암병원 설립을 추진하여 위상을 높였다.

이와 같이 병원 발전의 시기별로 특별히 중점을 두어야 할 일이 있다. 또 실행과제별로 특성과 소요시간, 재원 그리고 성과를 고려해야 한다. 성과를 내는데 소요되는 시간을 기준으로 1년 미만이면 단기과제, 1년 이상이면 중장기 과제로 나눈다. 시설과 장비처럼 눈에 보이는 하드웨어 성격의 과제와, 성과는 바로 드러나지 않지만 정보시스템이나 보상체계와 같은 소프트웨어 성격의 과제가 있다. [표 5-1]에서 일반적으로 병원에서 해야 하는 대표적인 실행과제를 적시해놓았지만 각 병원마다 처한 상황에 따라 그 내용이 달라질 수 있다는 점을 염두에 두고 읽었으면 한다.

구 분	단기과제(1년 미만)	중장기과제(1년 이상)
하드웨어	· 일부 병상 확충 · 외래시설 개선 · 사인물 개선, 청결 확보 · 환자편의를 위한 무인안내기 설치 · 검사장비의 구매	· 분원 진출 · 본원 증축, 리모델링 · 대형 장비 구매 · 편의사업 확충
소프트웨어	· 조직정비 · 콜센터의 재구성 · 진료협력센터 활성화 · 친절교육(의료진, 일반직) · 의료진 진료지침 마련 · 의료진 진료기여수당 제도 정비 · 진료패턴 정보제공·적정화 · 평가제도 시범실시 (역량개발평가) · 재무회계 혁신 · 홍보전략 수립 · 교육체제 정비	· 전문화, 특성화 전략 · 통합경영관리시스템 구축 · 진료 프로세스 혁신 · 직무급 제도 도입 · 전략적 구매 관리 · 계약제도 정비 · 홍보전략 실행 · 경영 아카데미 운영 · 장기인력수급계획 체계 구축 · 기부금 활성화 · 새로운 수익구조 확보

[표 5-1] 소요기간별 대표직인 실행과제

병원이 처한 상황과 실행과제의 특성을 고려하여 실행과제의 우선순위를 정해야 한다는 말에 공감은 하지만 구체성이 떨어져 답답해 할법한 독자가 있을 수도 있겠다. 그래서 다소 위험을 무릅쓰고 일반적으로 병원장이 재임시기 별로 해야 할 업무를 소개한다.

'경영의 나침반' 없이 길을 떠나지 말라

로드맵은 높은 성과의 기반

마라톤도 42.195km를 5km로 나누면 완주하기에 더 편하다고 한다. 처음 5km는 워밍업을 한다. 그 다음 5km는 초기 속도에 진입하는 구간이고 그 다음 5km는 그 속도를 유지하는 구간이다. 마라톤에서는 같은 5km라고 해도 달리는 코스에 따라 혹은 오르막인지 내리막인지에 따라 준비해야 할 훈련내용은 전혀 다르다. 본인의 주법 등에 따라서 전략적으로 집중해야 할 구간도 다르다.

병원장도 시기별 업무를 달리해야 한다. 병원장 혹은 최고의사결정권자의 로드맵은 크게 4단계로 구분할 수 있다. '준비기'를 거쳐 취임 직후 경영진을 구성하고 미래계획을 세우는 '적응기', 전략을 본격적으로 시작하는 '추진기' 그리고 임기를 마무리하는 '마감기'로 나뉜다.

임기 \ 단계	취임전	취임 후		
	준비기	적응기	추진기	마감기
2년	~ 취임	취임 ~ 0.3년	0.3년 ~ 1.3년	1.3년 ~ 2.0년
	취임 전 1.5년	2년 보직기간		
3년	~ 취임	취임 ~ 0.5년	0.5년 ~ 2.3년	2.3년 ~ 3.0년
	취임 전 1.5년	3년 보직기간		

[표 5-2] 병원장 임기별 로드맵

중소병원도 로드맵은 있어야

대학병원 경영자는 임기가 있어 병원장 선발 과정에서 3개년 발전계획을 자연스럽게 세우게 된다. 하지만 오너가 명확한 중소병원은 설립 후 법인 이사장이나 병원장이 경영자로서 10~20년 이상 경영을 책임지면서도 3년 단위의 중장기 계획은 물론 연간 목표와 계획도 세우지 않는 곳이 많다.

중소병원 병원장은 스스로를 연임, 3임을 할 수 있는 대학병원장이라고 생각하고 3년 계획을 수립해 추진하며 매년 평가하여 업데이트 해야한다. 일반적 수준의 기업은 3년 계획을 수립한 후 3년이 지난 뒤에야 다시 3년 계획을 수립한다. 하지만 선진기업은 3년 계획을 수립한 후 한 해가 지나면 지난 1년을 점검, 평가한 뒤 다시 3년 계획을 수립한다.

준비기 : 취임 전에 준비하고 또 준비하라

병원장이 되려고 마음을 먹는 사람은 그때부터 경영자로서의 준비에 들어가야 한다. 병원의 문제점에 대해 비분강개하거나 현 병원장보다는 잘할 수 있다는 자신감만으로는 성공하는 병원장이 되기 어렵다. 준비는 빠를수록 좋다. 저자는 병원 프로젝트를 할 때마다 경영에 소질과 관심이 있어 보이는 젊은 교수에게는 세 가지 정도의 조언을 해주곤 한다.

첫째, 가급적 보직 경험을 젊을 때 하라. 젊었을 때 보직을 경험하면서 훌륭한 병원장을 가까이서 지켜볼 기회를 가진 사람은 대단한 행운아다. 기획실장은 물론 기획부실장 또는 QI실장과 같이 병원장 옆에서 실무를 잘 살펴볼 수 있는 보직이 좋다.

둘째, 경영공부를 시작했을 때 몰입해서 일정수준 이상이 되도록 배워야 한다. 경영서적도 많이 읽고 경영교육 프로그램을 집중해서 듣는 것이 좋다. 골프 입문 후 1~2년의 스코어가 평생을 간다는 말이 있듯이 경영지식도 마찬가지다.

셋째, 경영역량을 지닌 사람에게 직접 배우고 익힐 기회를 자주 가져라. 병원장이건 기업 경영자이건 구별하지 말고 유능한 경영자들과 교류하면서 그들의 경영활동을 따라 하고, 때로는 질의응답을 통해 그들의 경영지식과 노하우를 자신의 것으로 만들어야 한다. 병원장 후보로 나서려는 어떤 이들은 자신의 생각을 정리하는 데 도움을 달라고 주변 전문가들에게 요청하기도 한다. 매우 현명한 행동이다. 병원장이 되기 전에 병원에 대한 문제점과 비전을 정리하는 사람은 병원장이 될 기회도 더 커지게 된다.

평소 병원경영에 관심을 갖고 공부하면 그렇지 않은 사람보다 이사장이나 총장의 눈에 더 도드라져 보이기 마련이다. 그런 사람은 시간의 문제이지 결국 병원장의 자리에 오를 가능성이 높다.

병원장으로 지명된 후 임기 시작을 앞두고 있다면 아래와 같은 최소 3가지는 준비를 해야 한다.

첫째, 초대 경영진을 미리 구상한다. 초대 경영진을 보직마다 최소 2~3명의 후보를 두고 검증하는 절차를 거쳐야 한다. 머릿속에 경영진 후보자로 점 찍어둔 사람들에 대해서는 경영자의 시선으로 인품과 소신 그리고 경영역량을 구체적으로 가늠해야 한다.

둘째, 병원의 발전방향을 설정한다. 병원의 우선순위를 어떻게 가져갈 것인지 등의 큰 방향을 잡는 것이 중요하다. 이 때 과거 컨설팅회사를 비롯하여 전문가를 활용한 전략보고서나 자체적으로 수립된 장기발전계획이 있다면 이를 십분 활용해야 한다.

셋째, 명쾌한 메시지가 있는 취임사를 준비한다. 대통령은 물론이고 기업 경영자들은 앞으로 해야 할 일에 대한 강력한 메시지를 전달하는 도구로 취임사를 적극 활용한다. 재임 기간 중 지킬 경영방침과 핵심적인 사업을 3~4가지 내외로 제시하는 것이 좋다. 구성원들과 공식적으로 소통하는 첫 만남을 병원장의 작품 1호를 선보이는 자리로 만들어야 한다.

적응기 : 팀워크와 방향을 잡아라

성공률을 결정하는 시기

적응기는 취임 이후 3개월에서 6개월을 넘지 않아야 한다. 이 시기는 낯선 상황에 줄줄이 맞닥뜨리는 기간이다. 어려운 경쟁을 치렀거나 기대도 하지 않은 상황에서 병원장으로 선출된 경우라면 한동안은 평상심을 유지하기 힘들어하는 병원장이 적지 않다. 경륜이나 인품에 따라 정도가 다르긴 하지만 다소 들뜬 상태로 취임 후 몇 개월을 허송하기 쉽다. 특히 축하인사도 많이 받고, 행사 참여도 많고, 술자리도 많아진다. 그 과정에서 어깨는 물론 머리에 힘이 들어가게 되고 술에 찌들어 몸은 지쳐간다. 이렇게 되면 링에 오르기도 전에 체중 조절에 실패하는 복서가 되고 만다. 이 시기에 구성원들은 병원장을 탐색하고 있다. 새로운 병원장이 어떤 비전이나 자질, 자세를 가지고 있는지 알기 위해 면밀히 지켜보고 있다는 것을 늘 염두에 두어야 한다. 그래서 겸손한 마음가짐과 절제하는 자세가 절실히 요구되는 시기다.

적응기에 해야 할 임무

첫째, 중장기 계획을 수립한다. 빠른 시일 내에 내부의 우수 인력이나 경영컨설팅회사를 활용하여 병원의 현실과 문제점을 포함한 경영 상태를 진단하고, 이를 기반으로 하여 병원의 비전과 전략을 수립해야 한다. 임기 내에 달성해야 할 목표를 설정하고, 그 목표 달성을 위해 해야 할 일을 전 보직자와 구성원들에게 알려 공감대를 형성하는 것이 필요하다. 전략 프로젝트는 병원장에 임명된 직후 시작하는 것이 가장 효과적이다. 엘리오의 경험으로도 병원장에 임명된 직후 전략과 비전을 발표한 대학병원들은 예외 없이 매우 좋은 성과를 내었다.

둘째, 우호적 관계를 형성한다. 이사회 임원, 전임 보직자, 교수평의회, 노조 등을 찾아 감사를 표시하고 고견을 구해야 한다. 대외적으로는 주요 방송사, 일간지와 각종 전문지를 비롯한 중앙과 지역 언론기관, 관련부처와 지역 관공서 등 향후 병원의 전략을 수행할 때 필요한 기관의 핵심인사를 파악해두고, 취임과 동시에 이들을 방문하여 우호적인 관계를 위한 인연의 끈을 맺어놓아야 한다.

셋째, 자기 약점을 보완할 인선을 한다. 외과계 출신의 병원장은 내과계 또는 지원계의 사람을 보직자로 임명하는 것이 좋다. 계열별 이해관계를 균형적으로 살펴볼 수 있기 때문이다. 어떤 병원장은 병원에 해를 끼쳤거나 큰 문제가 있어서 전임 병원장이 징계 차원에서 보직해임 했던 사람을 중용하는 경우도 있는데, 이는 '검증된 무능자', '검증된 문제인사'를 회생시키는 것으로 막대한 부작용을 낳는다. 사람 보는 안목을 의심받는 것은 물론 구성원에게는 경영진의 눈 밖에 나거나 징계를 받더라도 3년만 버티면 된다는 확신을 심어준다. 기획실장 이외에도 대외협력실장과 같이 관계의 연속성과 업무의 전문성이 필요한 자리에는 가급적 현재 인력을 유임시키는 것이 좋다.

넷째, 경영진과 팀워크를 구축한다. 한 배를 탄 경영진이라도 때로는 보직자의 개인적 성향과 야망 때문에 갈등과 긴장관계가 형성된다. 어느 순간 생길 수 있는 갈등과 반목의 위험을 최대한 방지할 수 있는 게 평소의 관계 관리다. 서로 개인적인 친분을 쌓을 수 있도록 공식적인 자리와 비공식적인 자리를 만들어 자주 만나는 게 좋다. 특히 의사결정의 핵심인력인 병원장, 부원장, 기획실장, 교육연구부장, 대외협력실장, 행정부원장, 간호부장은 눈빛만 봐도 알 수 있는 관계가 돼야 한다.

추진기 : 속도와 완성도로 성과를 거둬라

성과를 만들어야 레임덕을 줄인다

적응기가 비전과 전략을 계획하는 시기였다면 추진기는 전략을 실행하여 성과를 내는 시기다. 취임 6개월 이후부터 임기 만료 8개월 전을 의미한다. 임기 2년의 경영자는 10개월이고 임기 3년의 경영자에겐 22개월인 셈이다. 신임 병원장이 전략과제를 착수해야 할 시점은 취임 후 6개월이 마지노선이다. 이 선을 넘으면 온갖 구설에 휩싸일 것이다. 이번 병원장은 일을 하지 않는다, 방향성이 없다, 대외적인 업무에만 신경을 쓴다, 큰 그림은 없고 너무 세심한 일에만 신경 쓴다, 눈치를 많이 본다, 되는 일도 없고 안 되는 일도 없다 등등.

전문기관과의 협력을 통해서 수립하든 자체적으로 수립하

든 수립된 전략의 목표와 일정을 정리한 로드맵이 있어야 한다. 이를 병원장실에 붙여놓고 정기적으로 진척도를 점검해야 한다. 임기 8개월에서 1년 사이에는 새로운 병원장으로서 첫 성과가 나와야 한다. 그래야 경영진도 자신감을 갖게 되고, 구성원들에게도 신뢰를 주어 다른 전략과제 시행에 탄력이 붙게 된다. 짧은 기간에 가시적인 성과를 올릴 수 있는 과제를 고르는 게 좋다. 예를 들면 콜센터, 진료협력센터, 응급센터 등의 활성화로 환자편의를 제고하고 진료수입을 올리는 것을 꼽을 수 있다. 편의시설 개선, 환자동선 재설계, 사인물 개선 등도 조기에 병원 환경이나 재무성과를 개선할 수 있는 과제다. 1년 이상이 소요되는 장기과제들도 추진단이나 위원회를 구성하여 시동을 걸어야 한다.

추진기에 해야 할 임무

첫째, 조직을 정비하고 평가·보상체계를 구축한다. 추진할 전략이 확정되면 사업을 추진할 정규 조직 또는 Task Force Team을 정비하거나 신설하고 그 조직에 명확한 책임과 권한을 부여해야 한다. 그리고 사업과 개인을 평가하고 보상하는 체계를 구축해야 한다. 의료진의 협조가 필요한 지표를 설정할 때는 진료기여수당제도과 연계하면 좋다. 평가와 보상체계 설계, 구성원 설득 등을 거쳐 1년 내에는 실행하여야 한다.

둘째, 전문화·특성화한다. 전문화 영역을 하나라도 발굴하거나 기존의 전문화 영역이 있다면 이를 진화시켜야 한다. 전문화는 완성이 없다. 기존의 전문화 영역도 지속적인 차별화를 통해 브랜드파워를 키워 최고로 만들어야 한다. 진료 프로세스와 패턴을 혁신하고, 인력을 보강하고, 장비를 도입하는 등 의료의 질을 높이는 노력과 함께 체계적인 홍보 계획을 마련해야 한다.

셋째, 중장기 사업을 시작한다. 병원 증축이나 분원 건축과 같은 하드웨어 측면과 전문화 전략이나 성과관리제도, 연봉제 도입 및 급여체계 정비, 인사제도 혁신, 진료프로세스 혁신, 통합경영정보시스템 구축 등 소프트웨어 측면의 실행계획을 세워야 한다. 2년 이상 소요되어 병원장의 임기 내에 실현되지 않는다는 이유로 이를 제외하는 것은 너무 근시안적이다. 본인이 재임하든 다른 경영진이 오든 거시적 안목으로 실행하지 않으면 병원의 장기적인 발전은 기약하기 어렵다.

넷째, 추진점검 시스템을 구축한다. 분기별, 반기별, 연도별로 추진경과를 점검하면서 집중한 사업의 성과를 만들고 재무지표를 개선해야 한다. 중요한 소수의 사업은 병원장이 구체적인 내용까지 파악해야 한다. 그 과정에서 연계된 사업에 대한 이해도를 높일 수 있고 의사결정하는 데에도 큰 도움이 될 수 있다. 이를 위해선 컴퓨터나 모바일을 이용해 언제 어디서든 과정과 성과를 확인할 수 있는 정보시스템을 구비해야 한다.

마감기 : 아름다운 마무리는 새로운 출발의 발판

최대한 매듭지어라

병원장으로서 이룬 성과가 있고 연임 가능성이 높을수록 레임덕 현상을 덜 느끼게 된다. 하지만 대부분의 경우 임기가 8개월 정도 남으면 사실상 레임덕이 오기 시작한다. 이때는 새로운 일을 벌이는 것이 '재임'을 위한 사업으로 비쳐지기도 하고 실무자들이 적극적으로 협력하지 않는다. 그래서 재임이 될 가능성이 높아도 되도록이면 새로운 일을 벌이기보다는 진행 중인 일들을 최대한 마무리하는 게 좋다. 후임 병원장은 전임자의 사업을 꺼림칙해 하거나 백안시하는 경향이 있다. 공사 중인 시설의 용도를 뒤집거나 자신이 구축하지 않았다는 이유로 병원 정보시스템을 사장시키는 일까지 벌어진다. 이런 무모한 일이 일어나지 않도록 최대한 방지하는 조치를 해야한다. 우선 병원 공사가 진행 중이라면 다시 한 번 공기를 꼼꼼하게 들여다보는 게 필요하다. 임기 내에 준공과 개원이 가능하다는 판단이 서면 공사 지연이나 중단으로 이어지는 돌발사태 차단에 집중해야 한다. 개발이 진행 중인 정보시스템은 완료하여 직접 활용한 후 최대한 완성도를 끌어올려 놓아야 한다. 재임기간 중 이뤄낸 성과들에 대한 최종 점검도 이 시기에 이뤄져야 한다. 명문화, 제도화할 필요가 있는 것들은 인사제도나 규정을 개정하여 마무리를 확실히 지어놓아야 한다.

멋진 이임사를 준비하라

병원장을 하면서 남긴 발자국은 구성원들의 머릿속과 병원의 역사 속에 오랫동안 남게 된다. 이 시기 병원장은 구성원들에게 병원경영에서 느낀 못다 한 이야기를 들려주어야 한다. 특히 병원경영과 관련해 느낀 점들을 글로 써서 후임자에게 건네는 병원장의 모습은 누가 봐도 아름다운 광경일 것이다. 후임자가 전임자의 의도를 알고도 전략의 방향을 바꾼다면 후임자의 책임이지만, 의도를 잘 모르고 바꾼다면 이를 말해주지 않은 전임자에게도 일말의 책임은 있다.

임기 후를 준비하라

계주 경기에서 가장 중요한 순간은 바통을 주고받을 때다. 바통을 떨어뜨리거나 주고받는 사람의 손발이 맞지 않으면 한순간에 선두가 꼴찌로 전락한다. 그런데 레임덕을 겪고 있는 병원장이라면 이 시기에 인간에 대한 배신감 등 복잡한 감정에 휩싸이거나 후회, 자탄, 미련 등 만감이 교차할 수 있다. 반드시 필요한 의사결정도 내리기 싫어 차일피일 미루는 일이 벌어지곤 한다. 그게 인지상정일 수 있다. 그러나 병원 전체로 보면 이만저만한 손실이 아니다.

현 병원장이 임기 말에 손을 놓게 되면 다음 병원장의 임기 초까지 적어도 1년, 길게는 2년이 잃어버리는 시간이 될 수 있다. 성과가 있고, 체력이 허락하고, 경영에 재미를 느끼는 병원장이라면 꼭 연임되어야 할 이유가 여기에 있다. 많은 병원장들이 취임 후 2년은 지나야 병원장으로서 무엇을, 어떻게 해야 하는지 비로소 알게 되더라고 고백한다. 다른 말로 하면 2년은 뭐가 뭔지 모른 상태에서 지나갔다는 얘기다. 능력이 검증됐다면 두 번 세 번 계속해서 경영자 자리를 맡기는 게 병원 경영에도 정착되어야 한다.

병원장 시절의 계획과 성과, 그리고 앞으로 남은 일을 정리해야 하는 것은 재임 여부와 상관없이 중요한 일이다. 재임하면 유용한 자산이 되는 것은 물론이고 재임이 되지 않을 경우에도 후임 병원장을 위한 가장 큰 배려가 된다.

임기 후에 더욱 빛나라

뒷모습이 아름다운 병원장

재임에 실패한 어느 병원장은 한 달 남은 임기를 끝까지 성실하게 보내기로 했다. 예정된 일정을 빠짐없이 소화하고, 회의와 미팅을 효율적으로 주재하고, 자신의 사적인 감정이 병원 경영에 영향을 미치지 않도록 최선을 다했다. 재임에 실패한 일부 병원장들이 남은 임기 동안에 일정을 슬슬 취소하거나 병원장 역할 시늉만 하는 것과는 완전히 달랐다.

이 병원장은 3년 임기 동안 강력하게 추진한 사업들 때문에 직원들의 반발을 사곤 했지만, 마지막까지 평정심을 잃지 않고 최선을 다하는 모습에 감동했다는 사람들이 생겨났다. 실제로 이임식 날 끊임없는 박수가 터졌다.

인수인계는 최고의 매너

임기가 완전히 끝날 때까지 끝난 것이 아니다. 병원장이 마지막으로 해야 하는 가장 중요한 일이 '인수인계' 작업이다. 어떤 병원장은 자신의 후임자를 위해 3개월에 걸쳐 각 영역별로 진행되는 사안별 주의사항과 핵심인력의 장단점을 정리했다. 후임자가 결정된 후 축하의 메시지를 보내고 저녁 초대를 했다. 그 자리에서 자신의 경험담을 들려준 뒤 펜을 선물로 주며 "필요하면 언제든지 물어봐 달라"는 말과 함께 자신이 직접 작성한 자료를 건넸다.

인수인계가 아름답게 또 충실하게 이루어지는 경우는 매우 드물다. 떠나는 병원장은 아쉬움과 섭섭함을 안고 뒤도 돌아보지 않고 떠나버리고, 새로운 병원장은 자신의 취임에 취해 전임 경영자를 배려할 마음을 내지 않는 경우가 대부분이다. 인수인계는 새로운 병원장의 적응기간과 시행착오를 줄이고 리더십을 조기에 확보하는 매우 중요한 절차다.

전임 병원장이 임기 후 병원에 남는다면 신임 병원장의 리더십을 지원하며 고문 등으로 대외협력기능이나 기부금 모집 등의 역할을 맡는 것이 바람직하다. 전임 병원장이 어떤 자세를 취하느냐에 따라 구성원이나 병원의 분위기는 적지 않은 영향을 받는다. 전임 병원장이 후임 병원장에게 협조적이면 후임 병원장에게는 매우 큰 힘이 된다. 하지만 후임 병원장을 비판하는 입장에 서면 전임 병원장과 가까웠던 의료진은 후임 병원장에게 냉소적인 입장을 취하게 된다. 전임 병원장이 어떤 의도로 어떤 사업을 추진했고, 어떤 성과가 있었는지를 정리하여 인계해준다면 그 자체가 병원장의 멋진 성과로 기록될 것이다. 이런 일이 하나둘 쌓여 우리나라 의료계 관행으로 정착된다면 경영 기법에서 앞선 기업계가 의료계를 보고 배우는 훌륭한 모범사례가 탄생하게 될 것이다.

단계		실행사항
취임 전	준비기	· 보직을 경험한다 · 경영 교육프로그램을 집중해서 배운다 · 유능한 경영자들과 네트워크를 형성한다 · 초대 경영진을 구상한다 · 병원의 발전방향을 설정한다 · 취임사를 준비한다
취임 후	적응기	· 중장기 계획을 수립한다 · 대내외적 우호관계를 형성한다 · 약점을 보완할 인선을 한다 · 경영진과 팀워크를 구축한다
	추진기	· 조직을 정비하고 평가보상체계를 갖춘다 · 전문화·특성화 영역을 발굴하거나 진화시킨다 · 중장기 역점사업을 시작한다 · 추진점검 시스템을 구축한다
	마감기	· 마무리 할 수 있는 과제를 마무리한다 · 이임사를 준비한다 · 연임 또는 인수인계를 준비한다

[표 5-3] 단계별 실행과제

"배움은 질문에서 시작된다"

나 또는 우리병원 병원장은

- 병원장으로서 몇 점이라고 생각하는가?
  ☐ 90점 이상   ☐ 89-80점   ☐ 79-70점   ☐ 70점 미만
  ※ 앞서 체크한 것과 비교해보세요

- 취임할 때 전임 병원장으로부터 인수인계를 받았는가?
  ☐ Yes   ☐ No

- 취임 1년 차에 비전과 전략에 대해 공감대를 형성했는가?
  ☐ Yes   ☐ No

- 경영진 팀워크를 잘 구축하였는가?

  전혀 그렇지 않다   보통이다   매우 그렇다

- 매년 설정된 목표를 주기적으로 점검하고 업데이트하는가?
  ☐ Yes   ☐ No

- 지금까지 진행된 것 중 자랑할 만한 성과가 무엇인가?
  _____

- 임기가 끝난 뒤 어떤 평가를 받을 것이라고 생각하는가?

  전혀 그렇지 않다   보통이다   매우 그렇다

에필로그

퇴고의 의미를 새기며

'퇴고(推敲)'의 본뜻을 안 뒤로 매우 좋아하는 단어가 되었다. 흔히 퇴고를 탈고(脫稿)라고 오해하여 원고를 물린다는 뜻의 퇴고(退稿)로 여기기 쉽다. 하지만 퇴고(推敲)는 탈고 이전의 상태다. 이 말은 중국의 한 시인의 속 깊은 고민에서 나왔다. '새는 연못 옆 나무에서 잠자고(鳥宿池邊樹)' '스님은 달 아래 문을 민다(僧推月下門).' 그런데 스님으로 화(化)한 시인은 문을 밀어야(推) 할지, 두드려야(敲) 할지 고민에 빠졌다고 한다. 스님이 망설인 이유는 뭘까? 문을 두드리자니 잠자는 새가 깰 것 같고, 예의 없이 남의 집 문을 그냥 밀치고 들어가기도 어려웠으리라. 결국 시인은 새를 배려하여 문을 두드리지 않고 밀고 들어가는 것을 선택했다. 이렇듯 마지막까지 글을 고치고 다듬는 과정을 거듭하는 것이 퇴고이다.

책을 낸 경험이 있는 분들은 시인이 시상을 풀어내기 위해 글자 한 자 선택에 공들일 수밖에 없는 이유를 알 것이라고 생각한다. 단어 선정이 적절한지, 문장은 어법에 맞는지, 글의 순서가 맥락을 벗어나지는 않았는지, 사실관계에 오류는 없는지 살필 게 한 둘이 아니다. 저자는 지금껏 18권 책을 펴냈다. 책을 낼 때마다 기쁨도 있었지만 고달프고 힘에 부친다는 느낌이 더 컸다. 글쓰기가 산고에 버금간다는 말을 매번 실감했다. 그런데 이번은 달랐다. 일하는 시간을 피하여 주중 새벽이나 늦은 밤 아니면 주말에 글을 쓰면서도 늘 감사하고 즐거웠다. 인생을 퇴고하는 마음으로 산다면, 그것이 수양의 길이 아닐까 한다. 말 한 마디 한 마디, 행동 하나하나를 숙고(熟考)하며 고치고 더하고 빼는 것이 내 인생의 퇴고작업이 아닐까. 사무실에서 책을 쓰다가 내 인생에서 고치고 더하고 빼야 하는 것은 무엇일까 하는 생각으로 밤을 지새우기도 했다.

사례를 정리하면서 당시 함께 의기투합했던 병원 관계자들과의 추억, 아픔, 성취가 떠오르기도 했다. 책은 독자에게 유용해야 가치가 있는 것이지만 실상 가장 덕을 본 사람은 저자다. 그동안 했던 일을 돌아보며 생각을 정리하고, 연을 맺었던 누군가에게 감사하고, 자료를 찾으면서 새로운 것을 발견하는 기쁨과 감동을 누리기도 했다. 퇴고까지 포함해 그 자체로 정말 만족스러웠던 게 이번 책 쓰기였다. 독자들에게 즐겁게 읽히고 도움이 된다면 더 바랄 나위가 없다.

25년 동안 저자는 의료계의 현장에서 많은 귀인을 만났는데 가장 먼저 떠오르는 분은 미국 예일대 출신의 故 박제윤 수녀님(당시 대구파티마 병원장)이다. 저자의 주특기인 기업과 정부를 상대로 한 컨설팅을 뒤로 한 채 새로운 길을 열어 보겠다고 의료정책과 병원경영에 대한 저술과 강의를 하며 3년 이상 고군분투하던 시기였다. 박제윤 수녀님은 저자의 책을 읽고 사무실로 직접 찾아오셔서 철벽같이 닫혀있던 의료컨설팅의 문을 열어주셨으며 돌아가시기 직전까지도 아낌없는 격려와 성원을 보내주셨다. 또한 서울대병원장을 연임하셨던 박용현 이사장님(두산연강재단, 중앙대학교)께서는 따뜻한 리더십과 혁신적 시도를 통해 저자에게 많은 영감과 지혜를 주셨다. 귀한 사연들을 생략하고 성함만 적더라도 여러 페이지가 족히 넘는 이사장님과 병원장님들 그리고 의료진과 각 직종의 리더들은 현장에서 느끼는 보건정책과 병원경영에 대한 다양한 조언을 해주었다. 청와대, 국무총리실, 보건복지부, 국가보훈부 등 중앙정부와 서울시, 부산시, 경기도 등 지자체에서 프로젝트 또는 강의나 자문활동을 통해 만났던 엘리트 공직자들은 그들이 겪었던 정책적 고민과 시각을 기꺼이 공유하며 많은 화두를 던져주었다.

세계 최고의 명의이신 이승규 전 아산의료원장님, 보건정책과 병원경영의 달인이신 정진엽 전 장관님, 훌륭한 대형병원을 탄생시킨 한동선 이사장님과 류인혁 병원장님, 통찰력이 뛰어나고 박학다식한 박경철 원장님, 네 분의 추천사는 너무 멋지고 과분했다. 존스홉킨스대 보건정책경영학 박사인 기획재정부의 강윤진 국장과 서울대병원 행정처장 출신으로 홍콩 투자자문회사의 문주영 전무님(홍콩 투자자문회사)은 글로벌 의료산업에 대한 시야를 넓혀주었다. 또 그리티의 문영우 회장님은 기업인의 눈으로 사려 깊은 조언을 해주었고, 고등학교 절친인 서구일 모델로피부과 원장과 대학교 절친인 박은호 논설위원은 바쁜 와중에도 탁월한 식견과 재능으로 책의 전반적인 수준을 끌어올렸다.

엘리오의 창립멤버인 성만석 대표는 구성과 사례를 논의하며 집필에도 기여했고 임항빈, 유동화, 김규진, 김종현, 임재진 상무를 비롯한 동료들은 자신의 일처럼 예리한 지적과 제안을 해주었다. 이 책의 모든 비쥬얼을 창조한 강세미 플래너, 출판 전 과정을 지원한 김영미 부장과 이현지 대리는 이 책을 위한 원팀이었다. 이들과 논의하면서 보낸 즐거웠던 시간을 잊지 못할 것 같다.

존경하는 어머니(安京順)는 언제나 그러셨듯 무한한 지지와 격려를 해주셨고, 아내는 늘 바쁜 척 하는 저자의 빈자리를 잘 채워주어 큰 힘이 되었다. 딸 지혜와 아들 정준이는 자신들의 일을 제쳐두고 문구 수정을 넘어 뜻이 충실히 전달되지 않거나 오해의 소지가 있는 미묘한 내용까지 고치도록 챙겨주었다. 그들이 쓴 글에 대해 이런저런 멘트를 해준 것이 엊그제인 것 같은데 벌써 아빠의 글을 고쳐주다니 예상하지 못한 큰 선물이었다. 참으로 대견하고 감격스러웠다. 이처럼 많은 후원자들이 있어 책을 쓰는 내내 '감사', '감동', '행복'이라는 선물을 수없이 받았다. 이 책이 나올 수 있었던 것은 온전히 이분들 덕분이다. 감사드리고 감사드린다. 그리고 감사한 마음을 꼭 돌려드리고 싶다. 사랑합니다.

박 개 성 올림

엘리오의 책들
의료부문

병원경영 실전전략
박개성·엘리오앤컴퍼니

대학병원과 중소병원이 각자의 장단점을 인식하고 발상의 전환을 통하여 비전달성의 길을 모색한다. 주요 경영요소별로 구체적인 성공사례를 통해 실행의 지혜를 제공한다.

중소병원 생존전략
박개성·엘리오앤컴퍼니

체급 없는 무한경쟁에서 경쟁이 없는 곳을 찾지말고, 대학병원조차도 이길 수 있다는 용기를 가져야 한다. 골리앗을 이긴 다윗에게서 규모가 작은 병원이기에 더 잘할 수 있는 지혜를 배운다.

엘리오 병원전략
박개성·엘리오앤컴퍼니

병원의 용어와 사례를 중심으로 한 병원경영학 교과서이다. 비전과 전략의 수립, 시스템의 구축, 실행지원에 관한 핵심 테마별로 대한 사례와 함께 질의응답을 담고있다.

병원인재의 조건
박개성·엘리오앤컴퍼니

병원장의 역량만으로만 획기적인 성과를 이룰 수 없다. 보직자를 비롯한 병원 내 모든 구성원이 일하는 방식을 바꾸고 팀플레이를 해야하며, 각자의 역할에 걸맞는 역량을 키워야 한다.

병원은 많아도 의료산업은 없다
박개성·엘리오 헬스케어팀

고령화와 소득 증가로 의료산업의 중요성은 더욱 커지며, 전 세계적 의료시장에 성장에 따라 국가간 경쟁은 더욱 치열해질 것이다. '대한민국 의료'의 미래란 '대한민국'의 미래다.

병원장은 있어도 경영자는 없다
박개성·엘리오 헬스케어팀

병원의 경쟁력은 병원장은 물론 병원의 각 분야와 계층에서 리더십이 발휘될 때 생겨난다. 중간관리자들도 병원장의 리더십을 탓하기에 앞서 자신의 리더십을 돌아보아야 한다.

대한민국 건강랭킹
엘리오앤컴퍼니

대한민국의 건강은 어디가 책임지는가? 엘리오앤컴퍼니만이 가진 공공영역과 의료영역에 대한 독보적인 경험을 바탕으로 대한민국 전역의 건강수준을 낱낱이 파헤친다.

병원경영의 윙맨 리더십 병원장은 있어도 경영자는 없다 개정판
박개성·엘리오앤컴퍼니

바야흐로 윙맨 리더십의 시대다. 윙맨 리더십은 '서번트 리더십' 처럼 상급자와 하급자를 '주종관계'로 보지 않고, '전문성에 따라 역할이 다를 뿐 대등한 파트너'로 보는 인식에서 출발한다.

공동개원 절대로 하지마라
박개성·엘리오앤컴퍼니

'의료정책과 병원경영'에서 대학병원 대상의 경영혁신방안을 제시했던 저자들이 개원가를 위해 다시 펜을 들었다. 치열한 경쟁이 펼쳐지는 개원가의 세계에서 남다르게 우뚝 설 가이드라인을 제시한다.

개원가의 병원경영 공동개원 절대로 하지마라 개정판
박개성·엘리오앤컴퍼니

개원가의 현실에 대한 명철한 인식은 병원의 미래를 내다보게 한다. 공동개원 및 네트워크병원의 성공요건을 분석하고 MSO(병원경영지원회사)의 본질과 미래를 예측한다.

의료정책과 병원경영
바개성·엘리오앤컴퍼니

경영이란 의사들에게 늘 무거운 짐이다. 경영의 불모지인 의료계에서 고전하는 경영자들을 위해 국내 최고의 의료경영 컨설팅 전문가들이 제시하는 날카로운 방안을 담았다.

엘리오의 책들
공공부문

제2의 정부 | 공공기업 변화의 조건
박개성

민간과 공공부문의 혁신 경험을 토대로 한, 공공기관의 혁신 가이드 북이자 정책 제안서! 공공기관 혁신의 주인공은 공공기관의 기관장과 구성원이며, 이들이 변화의 중심에 서야 공공기관이 근본적으로 변화할 수 있다.

비전달성의 BSC, 이렇게 실행하라
박개성·곽태우·김용태 공저

경영환경에서 비전달성의 엔진이 되고 있는 BSC에 대한 개념서적은 많지만, 기업에 적용한 서적은 드물다. 의료와 공공부문에 성과관리를 정착시킨 자문경험을 바탕으로 기업전략의 실행력을 높이기 위한 지침을 제시한다.

정부개혁 고해성사
김현석·박개성·박 진 공저

정부개혁을 추진한 실무자들의 추진한 사례를 풀어내고 저자의 경험에 비추어, 당시 진행 중이던 노무현 정부와 김대중 정부의 개혁을 대비하여 중간평가를 하였다. 이를 토대로 향후 정부개혁을 위한 일곱 가지 제안을 제시한다.

공공혁신의_敵 | 공공혁신의_窓
박개성·곽태우 공저

정부개혁을 위한 새로운 시각과 제언을 담고 있다. 정부개혁을 새롭게 진단한 것이 공공혁신의 적이라면 정부개혁의 대안을 제시한 것이 공공혁신의 창이다.

우리는 선택된 고객이 새로운 세상을 여는 경험을 하게 하고 많은 사람이 조직 속에서 **삶의 보람**을 찾게 합니다.

우리는 고객과의 장기적인 관계를 중시하며 모든 관계에서 신뢰와 정직의 전략으로 **컨솔빙회사(Consolving™)**가 됩니다.

우리는 지혜와 지식을 창출하고 공유하는 체계를 구축하며 탁월한 인재를 육성함으로써 **고객의 요구를 선도**합니다.

우리는 가고자 하는 길을 막는 장애로 인해 주저하지 않으며, 끊임없는 자기 혁신을 통하여 **리더십을 가진 전문가**가 됩니다.

리더십을 가진 전문가를 이니션 (Initian™)이라 부르며,
BEST Trust는 이니션의 정신입니다.

Balance   상반된 의견, 대립된 이해관계를 바라볼 때 치우치지 않고 열린 마음으로 듣고 균형감 있게 행동합니다.

Excellence   고객에 대한 겸허함, 논리의 치밀함, 대안의 창의성, 변화관리의 노하우 등에 있어 탁월함을 추구합니다.

Straight   남의 눈으로 보지 않고 현실을 직시하며 바르게 생각하고 정직하게 말하며 정면으로 맞서 실천합니다.

Teamwork   동료 전문가에 대한 존중과 그들과의 협력을 통해서 나의 능력과 지혜가 최고로 발휘된다고 믿습니다.

TRUST   약속이 지켜진 경험들이 쌓여 신뢰가 생긴다고 믿기에 작은 약속이라도 지키기 위하여 최선을 다합니다.

의료산업 혁명시대를 이끄는 경영의 명의(名醫)

초 판 1 쇄 발 행 2020년 07월 20일
제 2 판 1 쇄 발 행 2024년 12월 25일

지 은 이 | 박개성, 성만석
출판기획 | 박개성, 성만석, 김대환
편   집 | 임항빈, 김규진, 김종현, 유동화, 임재진
교정·교열 | 김영미, 이현지, 김시현
디 자 인 | 강세미

발 행 처 | 엘리오앤컴퍼니
등 록 일 | 2002년 05월 30일
등   록 | 제 16-2730호
주   소 | 06137 서울 강남구 언주로 103길 7 엘리오앤컴퍼니 빌딩
전   화 | (02)725-1225
팩   스 | (02)753-0125
E - M a i l | ask@elio.co.kr
홈페이지 | www.elio.co.kr

ISBN 979-11-952524-9-7

- 이 책의 판권은 '엘리오앤컴퍼니'에 있으며, 본사의 허락 없이는 전재, 복사 등 어떠한 형태나 수단으로도 이 책의 내용을 이용하지 못합니다.
- 잘못된 책은 바꾸어 드립니다.